U0056009

所幸世界
沒有
虧待你的良善

艾莉・文

悅知文化

過去這幾年竟毫無選擇
日子被按下靜音
時間走慢了
情緒被透支
生活中像是什麼都沒改變
卻又改變了許多

身體內有著無法解釋的躁動
想要掙脫
想要用力
卻又被困在原地

除了自己的傷痛
沒有餘力再去承擔他人的快樂悲傷
更學會隨時準備好一場
來不及再見的告別

在最絕望的暗黑裡
你依然和善對待每一次的相遇
在被命運粗暴對待的同時
還是能感受到光
覺得溫暖 喔後誰在乎看

並不會天真的以為
這世界待你寬容

你只是沒有被虐待
是你的良善撐住了自己

文薪♡

contents

傷停時間

它 只 是 一 段 短 暫 的 時 間，
放 到 長 遠 的 人 生 來 看，
是 其 中 的 過 渡

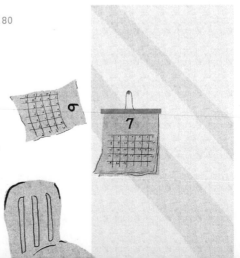

輯 三

不必永遠是個溫暖的人

職場上最好的生存法則，
一開始就不要讓任何人產生期待

每個人都是
抱著期許而生

你的存在，
只需要朝向自己最想要的方向前進，
不必總是承受他們苛刻眼光的批判

輯
四

輯

一

・

・

不 過 是
愛 了 一 場 寂 寞

我們要的愛不一樣

兩個人的愛情裡只有一個人傷了心，
肯定是另一個人的錯？
很大的可能是，
這兩個人想要的愛情原本就是不同的模樣。

每段愛情的開始總是有點莫名其妙，當事人往往說不上
來為什麼，這個人在當時出現是滿足了自己哪一部分的
渴求，才毫無防備讓他走進自己的世界。

更多的時候，一段愛情從發生到結束，就只是每個人的
自我探索又一次的完成，有點像是解任務的意思。

這個關卡的任務是：你要懂得因為愛上一個人變得不像
自己的感覺。

於是，你必須要在這個時候愛上他，必須因為他而變得
完全不像自己，事後回想起來根本無從解釋，當時的失

所幸世界沒有虧待你的良善

控到底是被什麼迷人的因素觸動。

一段愛情最後的清醒是終於甘心放手，是明白兩個人再沒有以後。

就算我還愛著你，卻沒有辦法再喜歡你了，更加討厭我們糾纏不清的未來。即使不能簡單斷開佈滿我淚痕的過去，你我卻還是要到此為止。

赤名莉香，那個臉上總是揚著七月豔陽般炙熱笑容的女孩，在經典日劇《東京愛情故事》的最後留下了一個讓人哀傷的退場，卻也成為了當時劇迷心中的名場面。

「我在車站等你，剛剛我看了時刻表，是 4:48 的電車，還有兩個小時，在那之前如果改變心意的話你就來吧！這是最後的請求。」

她擠出一個勉強的笑容，如同以往一貫照顧著完治的情緒，雙手合十像是在膜拜什麼，更像是乞求地對完治說。

完治沒料到那是她再見的手勢，他總以為莉香不會走太遠，就像每一次的每一次，在自己還不知道該怎麼好好接受她濃烈的愛情而把她弄傷的時候，她總是笑笑著消失，完治沒有看過她的傷心。

復原後的她會再一次出現，像是沒有受過傷，依舊燦笑著迎向自己。

年輕時的我全心全意討厭著永尾完治，一個從愛媛鄉下來到東京打拚的純樸大男孩，游移在兩個女人之間，面對掏心掏肺的莉香他笨拙的回應總像是沒心沒肺似的。

他感受不到莉香的痛楚，一次次準確擊中她的弱點，讓她原本的明亮的笑容蒙上了陰影。完治就算僅僅是隨手一個輕輕的觸碰，便足以讓她倒地不起。
很多年之後的現在我才懂了，原本堅強到像是沒有任何傷害能讓她感到疼痛的莉香，是因為愛情才變得如此脆弱，根本不堪一擊。

● ● ●

當你太過在意一個人，就要擔上因他而遍體鱗傷的風險，你親手交出一把利刃，明白地告訴了他，你願意承受一切傷害，你願意為了他趕赴一場痛徹心扉。

● ● ●

完治完全沒有身為一個愛情故事男主角該有的樣子，就算身高一百八，行事卻不夠瀟灑更說不上帥氣，個性軟

所幸世界沒有虧待你的良善

弱扭捏一點都不大器。在工作上只是夠努力，沒有什麼特別的成就或專長，沒有什麼讓人感同身受忍不住想替他應援的熱血夢想，唯一想做到的事，就只是在東京生存下去。男主角怎能如此卑微？

這些年同樣經歷了在職場上拚盡全力賣命求生後，才發現能在這樣一個吃人的大城市倖存下來的你我，都算得上是超級英雄，都擁有驚人的超能力。

在東京這個城市努力想穩住腳步的完治，不正是每天苦苦掙扎著的你我？

費盡心力想在這個稍微一不留神、在呼吸之間就會被狠狠吞噬的大都會裡，日復一日如社畜般緩步朝著前方努力著，只求不特別引人注目安安靜靜存在著，卑微地活下去。

年輕時，我不懂莉香為什麼會喜歡他，因為他夠高腿夠長嗎？還是他脾氣夠好不管莉香怎麼瘋癲都有耐心地陪著？

雖然對越來越重視自己的現代人來說，願意陪伴、毫不遲疑交出時間給另一個人就算得上是種特別的在乎了，但這談得上是愛情嗎？

踏進社會多年，在職場被不留情面磨練過這麼多回，我才像是弄懂了完治讓人心動的地方。

當莉香公事上出了差錯需要幫手時，他不慌不忙淡定聽從指令即時完成救援，他是同事之間需要求援時第一個會想要找的最佳人選。

尤其對莉香這樣在工作上總是表現滿分的人來說，能不出紕漏完成她隔空複雜多樣的指揮就是幫大忙了。

他不推託責任，只是一心一意想著怎麼幫忙解決問題，這樣穩定的個性容易讓人產生信賴感，更讓個性好強的莉香在不知不覺中開始習慣了依賴，最後還把整個心都賴給了他。

他甚至不邀功，不會在幫了忙後不斷提醒要你記得欠他的人情。

在社會上打滾久了什麼妖魔鬼怪沒見識過，這樣不趁機撈點好處的人已經不多見了。

完治的體貼是不動聲色的陪伴，是耐心的等候，他也許不夠主動，但在你最需要溫暖的時候，會知道總有他在。可惜的是，她終究還是在兩人的愛情裡被傷了心。

兩個人的愛情裡只有一個人傷了心，肯定是另一個人的錯？很大的可能是，這兩個人想要的愛情原本就是不同的模樣。

莉香要的是緊到呼吸不過來的擁抱，是你的世界裡只有我一人的堅定，完治卻總是在猶豫，他搞不清楚自己是想要炙熱的莉香還是溫柔的里美。

所幸世界沒有虧待你的良善

回到莉香決定退場的那一幕，提早搭上一班列車離開的莉香到底在想什麼？

如果一開始就沒有打算要再等下去，又何須風塵僕僕來到完治的故鄉愛媛？如果下定決心要等了，為什麼還欺騙完治自己的班次時間？

這整個過程對莉香來說，是一個必須要一個人來完成的旅程。

對她來說，來到愛媛、回到完治的過去是一個必須完成的儀式，是一個對自己的許諾。

她想去看看自己深深愛過的這個男人他的過去，**她曾經以為理解了他的從前就可以全盤接手他的未來，可惜的是現在的她，就算把名字刻在完治旁邊，也沒人可以承諾她想要的以後。**

即使完治沒有同樣的心思，她還是必須要帶著自己去做到，只有這樣才能讓自己明白兩個人的終點已經到了，只有這樣才能讓自己甘心，好好放手、放過自己。

提早搭上一班列車離開是因為已經受夠了被拒絕，已經不想要再失望一次了，所以這一次、這最後一次就讓我來按下句點。再見了完治。

我再也不想要在兩個人的愛情裡，一個人孤軍奮戰了。

要知道在莉香提出的最後一次相約之時，還給足了完治

兩個小時猶豫。

這個男人不僅遲鈍也不夠愛她，否則離別的警示如此迫切，怎麼壓抑得了即將失去的焦慮呢？

在說出月台約定時，莉香那個緊到讓人無法喘氣的擁抱，就是道別了。就算不當場留住她，也該要早早來到月台一把抱住她、霸氣要她別走。

愛一個人的心是藏不住的，如果連這樣害怕失去的急迫感都沒有掠過心裡，那其實也是完治的心已經給出的答案。

也許就要失去了她，我這輩子都不會再見到這個人了，當你深深愛著一個人光是這樣想像著，心口就會緊緊揪起、發疼，自然會不假思索採取一些瘋狂的行動。

至少對莉香來說這樣的情緒是有的，只是不想再失望一次的她需要完治的堅定來給出最後一次的可能，而他終究沒有，然而完治的搖擺不定其實就是答案。

只是愛了一個人這麼久，要死心也不是容易的事，她只是想再賭一個奇蹟，可惜的是她賭輸了，在這場愛情理她輸得一塌糊塗。

這看似悲傷的結局放在時間的長河裡來看，也不過就是

　　　　所幸世界沒有虧待你的良善

個人生給的逗號罷了。

當兩個人對於愛情的想像如此不同，就算因為喜歡而在一起，也無法持續多久。

在提出月台相約的當下，完治沒有立刻挽留她，莉香其實早就了然於胸。

但她還是讓自己用最燦爛的笑容道別，向勇敢愛過的自己說聲辛苦了，也放下了不夠勇敢愛自己的男人。

對莉香來說，那兩個小時的等待是煎熬，是對自己的驕傲再一次的凌遲，是更加確定了永尾完治最堅定的心意，就是他不夠堅定愛著赤名莉香。

傷夠了，痛夠了，就可以走了。

莉香從來不是個夠瀟灑的人，她的堅強是裝腔作勢、是被現實逼出來的假裝。她的開朗是掩飾不安、是想要被喜歡，她的燦笑是為了留住你來好好懂她愛她。

她的錯綜複雜對完治來說太過費心了，就跟要在東京生存下去一樣難。

在愛情裡完治不想要太多的驚喜與炙熱，只想要生活日常，而莉香卻總是給他滿天煙火。

這兩個人要的愛情長得太不一樣了，不幸的是他們相遇了卻分開了，幸運的是他們愛過了甘心了，放手了。

最終莉香提早踏上了月台，搭上早一班的列車，那個在

準點前才匆匆忙忙趕到的完治她不要了。

她不要在匆忙中錯覺自己愛著莉香的完治，她決定留下一個空蕩蕩的月台給完治，證明自己也曾經被愛、被等過。

她不再是那個被留下的人了，這是她在這場愛情裡，唯一贏了的一次。

所幸世界沒有虧待你的良善

這看似悲傷的結局放在時間的長河裡來看，
也不過就是個人生給的逗號罷了。

沒有一場愛情值得委屈自己

因為在我眼裡的你這麼好，我也想要跟你一樣好，好讓我們可以一直這麼好，這才是愛情比你我想像中還要偉大的力量。

●　　●●　　●●　　●

你問我，都已經分手一年多，這個男人為什麼還要跟你閒話家常。

肯定不是難忘舊情，你離開後不到半年他就跟小12歲的女孩交往，沒過多久便結了婚。

不管你在不在意，他總是自顧自地斷斷續續傳來訊息交代起近況。

像是這一年去了趟歐洲兩趟日本，才過半年公司又幫他加了薪，毫不掩飾地炫耀著自己，打造擁有成功人生的表象，就連先假裝關心你近況的起手式都沒有。

他的訊息總是忙不迭地輸出自己的成就，就像是一種成果報告期待拿到滿分的考績。

一方面真的太過忙碌再來更是懶得搭理他，這些頻繁傳來的訊息經常被你不讀不回不處理。你的無視並沒有讓他灰心放棄，他總是有辦法鍥而不捨繼續下去。

最近這兩天的主題鎖定在：感謝你當初夠狠心地離開，才讓他痛下決心買了房子。

「什麼心態啊～到底。」

你有點困擾卻不到影響心情的地步。

「或許，他只是想要聽到你的後悔，可惜你沒有。」我說。

不是因為顧及自己的尊嚴說不出口，而是跟他分手後你真的很快樂，過得很好。看到他過得很好，你也總是落落大方的祝賀著他。

「你曾經表達過自己過得很好、很開心嗎？」我問。

你搖了搖頭說：「沒有」，面對他頻頻進攻你就只是冷處理，偶爾回上一句「恭喜你啊～」卻壓根不主動提及自己的近況，就算他問了也只是含糊帶過。

你擔心太過友善的祝福與回應，對他來說反而是種鼓勵，會讓他變本加厲。

「千萬不要讓他知道你過得很好，你現在這樣漫不經心

的冷處理已經讓他炫耀個沒完沒了，如果發現你過得沒有他希望的慘，他會更嚥不下這口氣，對你的攻擊會越加浮誇與頻繁。」

我認真地提醒，只看見你似懂非懂地點了點頭。

這男人的心態很簡單，他只是不想輸。

他明顯是輸不起也不服氣，根本不在意前任的你無辜地陷入了一場，早就分手卻莫名其妙開啟的延長賽中。

在一般人眼中他應該是個條件不錯的男人，可能過往際遇一直相當順心也總是當贏家，他已經習慣了風光的模樣。

你提出要分手應該是他人生目前為止遭遇最大的挫敗，對他而言，被分手等同於整個人生的失敗，等同於他這個人的價值完全被否定，他沒有辦法相信自己會這樣被定義，於是延宕了半年他才答應分手。

對他來說，分手這件事沒有因為你們的分開而結束，受挫的滋味在他心中不停發酵，他拚死拚活想把失序的人生導回正軌。

他很有效率地在短時間內認識新的女生開始交往並決定結婚，這個結果讓他滿血復活，再次證明自己的優秀。

他需要聽到你的羨慕、需要你懊悔原來他如此出色當初怎麼會放手，他渴望你承認當時的判斷根本是個錯誤，

　　　　　　　　　　所幸世界沒有虧待你的良善

蒐集夠了這些後悔，他才能找回人生的重心，把日子繼續過下去。

他這樣苦苦糾纏真的不是難忘舊情嗎？不是，真的不是，千萬不要誤會。

你在他人生中留下的記憶是念念不忘沒錯，但不是念念不忘你有多好，而是念念不忘你曾經拒絕了他、否定過他。他不是放不下你，他是放不下被你否定、被你否絕。

在他人生的字典裡只會出現「傑出」這類字眼，自然無法接受自己被拒絕。

對他來說，你不僅僅是要結束這段關係、終結一份愛情，更是否定了他人生這一路上來的努力。

你驚訝地看著我，像在看一位精準的命相大師。

伴侶分手不出惡言，卻也不必勉強自己硬要大方地說出「祝你幸福」。頂多「祝你快樂」。

「我希望你幸福。」這句話故作大方的說出口，卻也同時說出的最大謊言。

還愛一個人卻要放手，心裡想的當然會是我要給你幸福；你的幸福應該是跟我在一起。

●●●

每段愛情的一開始都是想走到最遠
的，只是後來不管是誰變了或沒
變，你們不再看往同一個方向，那
些曾經的非他不可，都淡去成為沒
有非誰不可，就是分手的時機到
了。

●●●

**沒有一場愛情值得你委屈自己，不必為了留下一個不愛
你的人苦苦哀求。**

分手後的男人還硬是一直要證明自己過得很好，反而會
讓對方肯定自己當初的決定一點都沒錯。

結束一段關係後，又急急忙忙投入另一段的人，很多時
候是因為心裡實在太恐慌，他需要新戀情的肯定，來證
明上一次愛情的結束錯不在自己。

他需要下一個人的疼愛，顯示自己還是夠可愛、還是可
以幸福，好穩住岌岌可危的自信。

「遇到什麼樣的人，會知道可以跟他共度一輩子？」
這是個極其浪漫的發問，真正做出過決定的人有一大半

所幸世界沒有虧待你的良善

都在後悔。人心如此複雜，我們也難免無法理解自己做出的某些行為或決定。

早就過了那樣天真的年紀，以為對方必須完全符合自己列出的條件，才能在一起成為伴。

愛情的發生要的是心動，但兩個人天長久地在一起最需要是，放心。

放心的暴露自卑放下自尊，展現最壞的自己，不必矯情裝飾最完好無缺的模樣。不管你是崩壞或是閃耀，他都會愛著你。

他不需要確定你是生命中最好的那一個，他要你就只是你自己，他只要你就是你這一個人，不再需要另一個誰。

兩人在一起時無聊也無妨，你低落時有我撐住，我們一起快樂讓開心加倍，放心分享傷痛，讓兩顆心一起承擔把難過沖淡。

包容重大的人格缺陷並不會讓愛情更加神聖偉大，人當然都會有缺點，缺點可以容忍，缺陷要靠本人的意志去改變與克服。

愛情的力量並沒有偉大到足以扭轉一個人的個性，強硬要求伴侶改變是無理的情感勒索，為了愛情被迫的改變全都是委屈。

不願意為你改變不是不夠愛你，是你們原本就不適合。

當然有人為了愛情改變，但那是他甘心情願，是自覺地不是被請求、不是被迫不是委曲求全，更不是為了討好對方。

是明白了這個改變對自己好，才願意自動自發去做到。

因為在我眼裡的你這麼好，我也想要跟你一樣好，好讓我們可以一直這麼好。

這才是愛情比你我想像中還要偉大的力量。

所幸世界沒有虧待你的良善

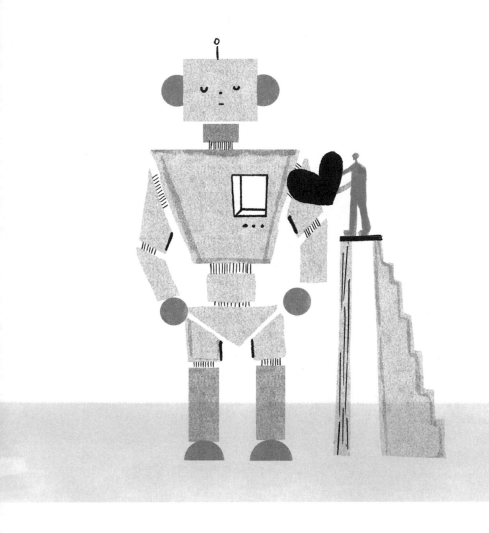

沒有一場愛情值得你委屈自己，
不必為了留下一個不愛你的人苦苦哀求。

現在分手中

如果分離是避不了的結局，能不能在相遇的一開始就約定好了，用沒有明天的決心去相處呢？

如果能知道一段關係的結束日期，我們是不是會更懂得珍惜在一起的日子？

但這個問題矛盾的地方在於人性，一旦發現即將失去一個早已不珍惜的東西或人，反而因為捨不得更把對方當一回事，萬分在意百般疼惜。

如此一來，這段關係就不會有必須要分開的理由了吧？

人跟人之間的緣分能持續多久沒有人可以預先知道，也因此兩個人還在一起時的對待才會顯得如此重要。這個道理很簡單大家也都懂，可是──

所幸世界沒有虧待你的良善

● ● ●

我們總以為來日方長，不相信也許
今日就是來日不多的最後一天。
那些我們自以為的來日方長，都有
另一顆被傷了又傷的心。

● ● ●

原以為兜轉這麼多路終於來到彼此身邊的你我，應該會
更懂得相知相守如此難得。
但人性的懶散，在感情穩定落入俗套的日常之後，總在
以為對方肯定不會輕易放手的每一天裡，肆意揮霍愛人
的耐性。

小凱跟我聊起近期的人生規劃，說他終於下定決心要搬
回南部。
大約半年前他還在猶豫不決約碰面時，我曾經幫忙分析
過所有狀況，因此對於這個結果我並不是太意外，只是
難免因為將來無法頻繁的見到面，感到可惜。對於朋友
的隱私我不習慣主動追問，但只要想聊我都願意撥出時
間聆聽。
小凱接著若無其事的說：

「跟我女朋友也說好了，我們一年後就分手。」

我以為自己聽錯了，瞪大眼睛不可置信地看著他。

「什麼意思？你們說好了一年後要分手？所以你們是現在分手中，但還住在一起？」

他點了點頭似笑非笑地看著我。

「這是什麼感覺？不會難過嗎？」

看向遠方的他很平靜地說：

「難過捨不得那些情緒對我們來說都已經是過去了，其實在一起的這幾年裡，我們都分別在不同的時間點，有過想要分開的念頭。現在就是把話講清楚了，讓感情昇華成像家人一樣，繼續好好一起過生活直到分開的那天。」

努力試著理解他這個決定的我，分析起自己是不曾走過的心路歷程。

現在分手中，會讓原本緊繃的關係變得輕鬆。

因為知道我的未來不會再有你，自然對你也不會再有要求，畢竟不管好壞都將跟我再也無關。

那些我曾經固執地堅持著、拚命在乎的，都是為了讓一起的明天更好，而如今我們一起擁有的，卻只剩下昨天了。

現在分手中，那些曾經看不順眼的都變得可以忍受了。

現在分手中，終於可以不再討厭你，不再追問自己後不後悔這個開始。

如果，在相遇之初就知道三年後要分開，那時的我們會用什麼樣的心態對待這場愛情？

所有的分離都帶著萬不得已的心碎。

所有的分離也是為了要再幸福起來。

如果分離是避不了的結局，能不能在相遇的一開始就約定好了，用沒有明天的決心去相處呢？

只是就算已經如此小心翼翼對待了，總免不了還是有走不下去的原因吧？否則也不會滿街都是心碎的人了。

每一段無法再繼續的關係，都有著真心痛過的捨不得以及不忍心。

韓劇《結過一次了》是一部集數很長的家庭劇，這一家兄弟姐妹幾人都經歷了離婚，所幸他們並沒有從此自暴自棄，都讓自己在短暫低潮過後奮力振作再次找到幸福。

某天二妹正在猶豫要不要離婚之際，詢問已經離開哥哥的大嫂當初下定決心離婚的原因是什麼時，大嫂說了這樣一段話。

「離了婚之後最好的事就是，我終於可以不必再恨他了。」

大哥是個還沒走紅的特技動作演員，為了配合難得的通告機會，經常顧不到家庭，甚至收入也並不穩定。

光是這樣還不足以磨光老婆的耐心，他對朋友很講義氣，幫後輩的債務做擔保後對方跑了，加重了家庭的負擔。

他這樣的決定根本就是把對朋友講義氣的重要性擺在家庭之前，這件事的發生讓老婆對他完全失去了信任，堅定要離婚。

在旁人看來，他沒什麼心眼人也不壞，有機會跟孩子相處時總是全心照顧，更深愛自己的妻子。於是，總會幫腔勸妻子：「他是個好人，再給他一次機會吧～」

可是，一個好人擔保不了一段夠好的感情，一個好人擔保不了一家人明日的溫飽，更無法讓家人跟他過日子可以不擔心受怕。

活到了一定的年紀，我們想要的感情不會再只是專心無猜。

你的人生肯定要有我的參與固然讓人動容，當今世道如此無情，有沒有面對考驗的能耐與肩膀，不能光是信手描繪泡沫藍圖，更要能堅定並肩同行。

一段觸礁的關係拖著不去梳理，日子一久自然會產生不滿，我怨恨你不懂我的在乎，你抱怨我不夠善體人意。

當初的濃情蜜意不是不算數了，而是在我最需要你勇敢的時候，你卻輕描淡寫我的苦痛，這才是傷人最深的地方。

兩個人一旦分開了距離拉遠了，對彼此不再有期待更不會產生傷害。

往往到這時候才會恍然大悟過往那些嘮叨、那些怒目相視都是在乎。

如果不是認真看待有你的未來，如果不是懇切地想一起去到夠遠的明天，那些要求那些叮嚀根本不會發生，你的喜怒哀樂平安與否怎麼會與我有關？

分手後，再持平來看這個對象，他不是個壞人甚至對你也很好，你終於放心最初的自己沒有錯看他，你終於可以在淚眼中結束這一切。

回想僵持不下的當初，恨不得將對方置之死地的氣勢，也許只是因為太多難以平息的遺憾，畢竟一開始可是想著這次肯定可以天長地久的。

如果能夠約定我們現在分手中，知道兩人即將要分開，只願在這最後的日子裡你懂得我的好。而我也只想記得你的好，可惜的是，我們只能到此為止了。

不虧不欠，別再相見

你只是可惜了這場相遇，並不遺憾，遺憾是還帶著愛情卻迫不得已的一別兩寬。
但對於他、對於這段感情你都盡了力，也問心無愧了。

習慣不會說謊，就算他已經離開了，你還是習慣睡在床的左邊，早餐還是習慣煎了兩顆蛋。
回到家打開大門，你還是習慣說我回來了，就算根本不會有人應答。
分開後好幾個月，有一天你回到家、打開門又習慣性地說我回來了，一陣強烈的難受迎面席捲而來，那時候你才明白自己還在等，等著他溫暖地笑著，開心對你說：
「歡迎你回來～」
孤單就從那一刻起開始緊緊與你相依，掩上了大門你失

　　　　　　　　所幸世界沒有虧待你的良善

去往前多踏一步的力氣。只能癱軟在原地終於讓自己縱情放聲大哭，在一個人的寂寞裡，懷念兩個人的歡聲笑語。

在這座擁擠冷漠的城市裡，所幸還有屬於自己的角落接住你無處訴說的心事。

諷刺的是，這場離別是你親手打造的結局，縱使對他還有感情卻不論如何都無法再跟他相處了。

他的一切都讓你生厭，你再也無法忍受在同一個空間裡呼吸到他的氣息，是他太過強烈的自卑打壞了一切。

剛認識的時候他過度的自信，曾經讓你只想保持客氣陌生的距離，如果不是他積極的接近賣力朝你走來，這後面關於你們的故事根本不會開始。

你慢慢發現他這一路上，習慣用強大的自信掩蓋自卑，原來他展現出來爆棚的信心、滔滔不絕的言論全都是在掩蓋內心的害怕。

他害怕被別人發現自己並沒有那麼優秀，害怕別人覺得他也不過就是這樣的水平。他拚了命充實自己，怕輸、怕別人眼中的自己太過平凡。

他的內心始終有個輸不起的孩子鞭策著自己。

因為懂得那樣的自卑與不安全感，在看懂他的脆弱後，你從一開始的反感瞬間接受了他。

你的愛情似乎都開始在以為自己應該拯救誰。

每段愛情的一開始都以為可以攜手越過千山萬水，以為每一次的淚眼回眸都能被他接住。

兩人相處的這些年，他不輕易服輸的個性無形中把戰場延伸到你們之間，就算面對愛人也避免不了想一較高下的心態。

你的成就益發耀眼，他的不安全感也越加嚴重，面對你的成功他說不出恭喜，也沒有餘力關照你努力得有多疲累。

明明他是最知道你這一路走來曾經如何撐不過去、曾經差一點就要放棄了。

他懷才不遇的鬱悶全部宣洩在你的身上，總是用「我是為你好，才說些難聽話來提醒你」包裝許多傷人的話語。

他的表達刺耳又難聽，毫不留情地攻擊你的功成名就。

他只能夠靠傷害你來平衡自己的不服氣，他希望看到你的落敗才能讓他繼續認同自己的優秀。

他嗤之以鼻你的成就也拚命說服自己，他的時機尚未來到，你唯一勝出的原因就是比他還幸運而已。

他選擇把你踩在腳下好襯托自己的高度，你分明做得這麼對、這麼多努力才換來現在的名聲，在他面前卻總覺

所幸世界沒有虧待你的良善

得自己是錯的，彷彿自己根本沒有與成就對等的實力。
你的光芒對他來說是種掠奪，你得到的一切本是他應該
擁有的，是專屬他的榮耀卻錯交到你的手中。

你甚至不能大方的開心還要小心翼翼維護他的尊嚴，面
對他的沮喪與憤恨不平，甚至會有種對不起他的錯覺。

嫉妒與不滿障蔽了他的溫柔，把你能呼風喚雨當成僥
倖，輕易忘了陪你經歷過多少淒風苦雨。

他當初是愛上了你的光彩奪目，如今卻不能忍受你太過
耀眼，對他來說你的存在變得太過刺眼。

你追求成功並不是為了打擊他，更沒有因此看扁他，他
卻肆意批判你是僥倖上位，你萬萬想不到在他看來你竟
是如此的卑劣。

你只是可惜了這場相遇，並不遺憾，遺憾是還帶著愛情
卻迫不得已的一別兩寬。

但對於他、對於這段感情你都盡了力，也問心無愧了。

不虧不欠，沒有留戀。

不虧不欠，別再相見。

每個人的心魔只能靠自己去奮力退散，他無法健康化解
自己的恐懼與挫敗感，只能用傷害你的方式保護自尊，
只想到顧及自己卻用最自私的方式狠心傷害了你，和你
們的愛情。

一起走過了顛沛流離卻無法真心為你喝采，這段愛情注
定是要報廢的。

曾經的柔情相待全都走了樣，兩千多個日子裡的相信相
依全都不算數。

他無法面對自己的脆弱，你在他面前連呼吸都顯得礙
眼。

可以持續愛著一個人並不困難，難的是要經得起相處。

● ● ●

就算相處總是把人逼到狼狽不堪，
也會把愛情磨損到奄奄一息。卻也
只有透過相處，才能夠明白眼前這
個人是不是真的能夠繼續一起同頻
呼吸、能夠相看兩不厭。

● ● ●

你曾經以為他是對的人，原來只是一場錯認，他用無法
克服的自卑親手葬送了你們。

也許所謂對的人是懂得一切得來好不容易，是明白愛人
的心根本傷不起。

可以持續愛著一個人並不困難，難的是要經得起相處。

給自己按下句號的力氣

再依依不捨也不能對自己無止盡地情緒勒索，把自己
禁錮在原地舔舐傷口，欺騙自己一切都還好，繼續待
在這段愛情裡很好。

從他親手撕毀承諾的那一天起，你的天就不再亮了。黑
夜不是突然降臨的，當然也沒有警告就只是某一個平淡
無奇的時刻，像一頭猛獸猝不及防朝你撲了過來。你無
力閃躲，任由自己被傷痛淹沒。

這樣的傷心也不是第一次經歷，但這一次卻特別難以克
服。

**你霸道地捍衛著這場相遇，甚至賭上自己人生其他堅持
全都甘願讓步，壓根沒想過他卻這樣輕易地捨棄，絲毫
不曾猶豫。**

　　　　　　　　所幸世界沒有虧待你的良善

以為自己終於有了歸屬卻被他推向了漫天風雪，原來你根本還在半途而且連方向都搞錯。

就算是個不常提起心事的人，卻也被朋友察覺到了微妙的變化。你還是喜歡大笑，眼中卻沒有喜悅了。

不經意脫口而出一個人過日子的不方便，眼神閃過了一點點難過。

你不是個擅長說謊的人，卻唯獨對於「我很好」、「我沒事」這樣的假話，特別得心應手。

你真的不想再對關心你的人說謊了，想要好好坦承一切。可是，話在嘴邊又一個字都說不出口。

你還沒有做好準備接受關切、你還沒有準備好讓朋友替你擔心。

你原本以為人生可以就此停歇，當然不想這麼快就棄械投降。

你花了很長的時間、很大的力氣，不厭其煩地溝通與退讓卻得到空泛無力的回應，**你的所有努力在他面前一敗塗地，他的無動於衷出賣了這場愛情。**

到現在還是搞不懂，一個口口聲聲說愛你的人怎麼會狠得下心傷害你？

你的悲痛欲絕在他眼中只是又一場精彩絕倫的出演，證實了你的愛情坐實了他的背棄。

當他決定了要背叛，就該準備好承受失去這段美好的愛情，以及最好的你。

從他臉上你找不到懊悔，你就明白了是該收手的時候了。

讓你可惜的是那麼美好的過去、是以為可以一直好到老的結局。

● ● ●

讓你放不下的是自己毫不保留的付出、是那個因為有了他而更加可愛的自己。

你的所有都給了這段愛情，卻敗給了他。

● ● ●

你過不去的是以為能安心停歇的這一回，怎麼又敗下陣來，再一次成為了客串，而不是一個美麗愛情故事裡，苦盡甘來終於擁有幸福的主角。

再依依不捨也不應該成為苦苦糾纏自己的遺毒，他就是仗著你容易心軟，才如此恣意而為多年。

再依依不捨也不能對自己無止盡地情緒勒索，把自己禁

所幸世界沒有虧待你的良善

錮在原地舔舐傷口，欺騙自己一切都還好，繼續待在這段愛情裡很好。

就算你給的心甘情願，他也不該一副理直氣壯。

這些傷害老早就已經發生了，只是到了今天你才終於願意面對自己的傷心，給自己按下句號的力氣。

你弄不懂老天爺安排在你身上的這場交易，到底要交出多少真心才能換回一個真正的永遠？

怎麼別人的幸福總像是唾手可得、毫不費力，而你總是傷了又傷？為什麼給了寬闊的肩膀也同時給了傷心？

這一路上的坎坷到底要怪罪誰？

應許你的愛情是不是錯送到別人的手上了，那你過著的又是誰的人生？

眼下讓你痛不欲生的又是誰的傷心？你的愛情呢？你的地久天長呢？專屬你的幸福是被誰冒名頂替了呢？

你還懷疑過自己是不是曾經無心犯下什麼罪大惡極的壞事，才迎來如此坎坷的愛情當成報應。到底是殺了人還是放過火，怎麼會拿到十惡不赦的大壞蛋該有的劇本，一次又一次被傷透了心。

你要的只是簡簡單單的過日子，日日夜夜的禱告裡從來沒有要求過這樣多的風雨。

在傷心的過程中，你止不住地怨天尤人。

你當然很善良，只是一再挫敗、不斷被傷害，你也維持不了傻傻地繼續善良、永遠笑臉迎人。

你當然相信自己可以幸福，你不是因為太過天真才如此以為，而是明白自己有多好、有多值得被好好愛著。

你願意給自己一段時間把傷心清空，把可惜、捨不得通通送走，還給自己一顆乾淨透明的心，一顆願意相信自己會幸福起來的心。

在這段時間裡，你要好好的睡覺、不要生病、不要回顧過往、不要再讓自己活在難過裡。

會有那麼一天不必用力克服，你也不會再想掉淚。

會有那麼一天看著晴朗的天、看著變幻的雲，你終於又微笑了。

會有那麼一天你還是好好過著日子的某一天，不論心裡有沒有誰，你都擁有全部最好的自己。

　　　　　　　　　　　所幸世界沒有虧待你的良善

給自己一段時間把傷心清空，把可惜、捨不得通通送走，
還給自己一顆乾淨透明的心，
一顆願意相信自己會幸福起來的心。

有些溫柔比較笨拙

表達感情的方式對應出我們過往人生經歷與曾經有過的相遇，在疼痛的重塑或是溫柔的改造之後，成為了自己現在面對愛情的模樣。

長大了後發現，以前刻在牆上密密麻麻的擇偶條件都是假的。

愛情的發生畢竟不是在批閱考卷，打了幾個勾、填上拿到的分數，就能決定通過考驗在一起一輩子。

發現愛情的那一刻是這樣子的，你會在某個瞬間發現自己完蛋了。

你沒有辦法拒絕某個人，你沒有辦法對她的困難視而不見。她分明沒有開口求助，你卻急著要去幫她辦到任何的瑣事。

所幸世界沒有虧待你的良善

記性向來不好的你卻偏偏記得她容易跌倒、酒量很差膽小怕黑，哭點又低，這些別人懶得放心思去記住的小事，你毫不費力刻在心裡做好筆記。

「反正你就是難搞。」

你用平淡的口氣掩飾著心動，故意這樣對她說。

「才沒有。」她瞪大眼睛氣到鼻孔撐開，用軟軟的、小小的聲音抗議。

把她惹毛成為你的日常消遣，看見她的白眼你的嘴角總是忍不住上揚。

你甚至搞不清楚這段感情是什麼時候偷偷攀附著自己的，當初是她沒頭沒腦地闖進你的世界，擺出舒適的樣子沒打算離開。

奇怪的是，向來孤僻的你居然也不生氣不覺得被冒犯，沒有想要她離開。

你曾經以為自己會單身一輩子了，愛情這件事彷彿對你絕緣，跟誰也不來電。

怎麼去愛一個人這樣的事，你沒想過要去學會，在認識的一開始她根本不特別。

相遇的一開始很尋常，僅僅是一個朋友聚會上的點頭之交。

後來在捷運站偶然遇見了，也只是客氣地點了點頭，連

走到對面多聊兩句都沒有動力。

你們沒有一見鍾情，卻在某一個時刻因為有了共同的話題，開啟了這段故事。

你不是個愛交朋友的人，對陌生人有戒心不太容易相信別人，不是特別熱情。

搞不清楚是什麼時候開始的，她逐漸霸佔了你的生活重心，最疲憊的時候只想聽聽她的聲音，光是漫天瞎聊，也能讓你生出力氣再去面對繁雜的公事。

愛人這門課你才剛起步，一開始她被你傷了好幾次，講白了，就是你覺得適應一個人來到自己的生命裡太過麻煩；再者你也不夠相信自己，不相信自己有能力可以擁有一段夠長久、不會後悔的愛情。

你突然拉開了距離，表明了只想孤孤單單自己過日子就很舒服，她傻楞楞地不躲不怕一直探頭往你的世界裡張望。

扎扎實實碰過幾次壁後她痛到失聯，跟你坦承她受傷了，不如一切就到此為止。

你們的故事原本會在這裡按下句點，從她消失的那天開始，天空突然也不再放晴。

一陣陣滂沱大雨，落得像是她一個人躲起來偷偷哭泣的淚，怎麼都不願意喊停。

所幸世界沒有虧待你的良善

她的吵鬧、古靈精怪的種種念頭不再透過手機傳送過來，這種太過安靜的日子以前是你最享受的，現在卻讓你開始覺得煩躁。

沒有她的日子變得太過安靜，你再也感受不到孤獨的快樂，孤獨的自在舒適因為她的消失轉化成了孤單。

某個午後，你又被工作壓得喘不過氣，忙到不能思考之際卻真實感覺到寂寞。

你想找人抱怨卻不是誰都可以，唯一能短短幾句話就讓你寬心的人，躲起來了，不想被你找到。

你那時才恍然大悟，她在不動聲色之間已經接手你的孤單。

原本的你不習慣有人掛念，不習慣被擔心，不習慣說出那些逞強。

獨立太久的人，在接受愛情來到自己的世界時，最無法習慣的是，要懂得釋出情緒，更要讓自己放心依靠。

小時候的你也曾經想過要依賴誰，卻只得到一次次的失望。

落空的感覺對孩子來說最直接的疼痛就是遺棄感，這樣的失望更是種否定，否定你在對方心中的重要性。

你決定不要再對誰有期待，斷絕任何被拒絕的可能。

從那之後凡事只靠自己想辦法，再沒動念開口求助，你

以為這樣就擔保了自己肯定不會受傷。

在最痛的時候，淚也只往心裡流，不只是明白沒有人在乎，更是不想麻煩了誰。面對天大的問題，你也只是不痛不癢冷冷的笑。對你來說，狂妄地大笑其實是種防衛，如果不笑得那麼狂你就只能哭了，而你向來知道哭是不能夠解決任何問題的。

你有過好幾次用漫不在乎掩蓋疼痛都被她一眼看穿，你說有些心情不好跟別人提，怕對別人來說反而是負擔。

「可是我不是別人啊～我要當那個你想哭的時候會找的人。」

她用軟軟的、小小的聲音堅定的說。

原來光是她的存在就能給你溫暖，她的存在就能讓你眼前一亮。

你突然愛人本能甦醒，一夜之間就習慣了原本的這些不習慣。

你變得聽話了，以前只要顧好自己，現在還要顧及她的擔心。

你生硬地表現在乎，只想著把最好的都給她，最好什麼委屈都不會來到她身上。你希望這世上的溫柔都留有她一份，這世上的難題通通對她視而不見。

後來，你發現被愛的人會懂得自己得寵、會仗勢欺人、會在愛裡被縱容到狂妄。

她這樣一個平常總是好脾氣待人，不太懂得拒絕的女孩，面對你她就霸道了、任性了，因為她知道你會耐心收拾她的蠻橫。

有一天，你意外發現自己居然也用起她平常撒嬌的語言與她對應著，你啞然失笑真沒想到自己也有這麼一天。

單身太久的你，對愛情的感應能力遲鈍是避免不了的，這時候除了要讓自己找回愛人的勇氣與力氣之外，更要懂得被愛的姿態。

要懂得被愛才會珍惜對方的付出，愛情的契合除了剛好不約而同的回眸之際，把對方都看進了眼裡；更需要的是，懂得對方想要被愛的方式，以及看懂對方愛你的手法，否則到頭來不過是愛了一場寂寞。

● ● ●

懂得被愛需要更多的寬容與換位思考，懂得被愛要先時時刻刻銘記：「每個人表達情感的方式往往不盡相同，再成熟的人在愛情裡都難掩幼稚。」

● ● ●

你難過時會毫不掩飾地大哭，她難過時卻是消失避不見面；你感到幸福時開朗大笑，她開心之餘卻更有害怕失去的恐懼。

表達感情的方式對應出我們過往人生經歷與曾經有過的相遇，那些遇見在路過後如何影響了我們，在疼痛的重塑或是溫柔的改造之後，成為了自己現在面對愛情的模樣。

噓寒問暖是愛、撥出時間陪伴是愛、分享心事是愛、不怕被你麻煩是愛。

付出的方式有很多種，最怕的是你看不懂。
最怕的是在對方放手之後，你才明白自己怎樣被愛過。
最怕此後轉身再也對不上那雙總是笑著回望的眼神，你才懂得自己如何被凝望過。

日子不盡美好，幸運的是偶有陽光作伴，陰天的冰冷、雨天的煩躁都不算什麼大不了的磨難，因為心中還有可以期望的未知，才讓人不輕易老去。

我們在有些狼狽的人生裡繼續慢步前進著，沒有刻意尋找卻也不讓期待就此被澆熄，還是難免偷偷懷想那個專屬的溫柔會以怎樣的面貌來到。

有些溫柔並不熟練難免比較笨拙，願你遇到一種溫柔，
顯得那些錯過與遺憾都不可惜，你和傷心就此形同陌
路，他讓你懂得幸福的答案。

好好相處一起慢慢白髮

只有他能給出的安全感不僅僅是因為他對你夠好，更因為你是他的例外，才會讓你顯得特別，也才能讓你感到放心。

你還記得自己什麼時候學會狠心的嗎？

這一路上走來，我們都受過大大小小的傷也不得不開始懂得掩飾傷口，習慣隱藏自己。

還學不會夠狠心時，總是顧及別人太多。心軟的你習慣了一再退讓取悅別人，沒人在乎你的不快樂。

在某個瞬間你才終於學會了，很多時候要夠狠心才能保護好自己。

那些毫無來由攻擊你的他們，很多甚至不是壞人，只是為了保全自己毫不遲疑選擇傷害你。

所幸世界沒有虧待你的良善

最悲傷的是，你曾經毫無保留相信對方，才會拿他們的惡意沒有辦法。

你慢慢暗自清理著傷口，費了好大的力氣才讓自己看起來像是毫髮無傷。

你習慣說著沒事來遮掩心慌，擔心表現出脆弱，哪怕只是一個轉眼的瞬間，都能讓人抓住出手打擊的機會。

你看起來安然無恙，他們出手傷你毫不猶豫，總以為你不怕疼。

你習慣從容面對，不動聲色地拚著命，才會讓人臆測你很容易。

那些看起來總像是完好如初的人，只是太懂得收好自己支離破碎的從前。

疼痛不想輕易被看見，是害怕引來的總是好奇的打探而非迫切的關心。

傷口並不會因為歲月的溫柔而減少疼痛，歲月的作用只能夠緩解焦慮，對於痊癒起不了真正的作用。

你再也不相信會有個人能夠懂得那些不事聲張的逞強，這些年來好不容易築起來的堅強，如今顯得荒唐根本不值一提。

所有為了要讓自己變好的努力都成了一場徒勞。

你不太記得自己是怎麼好起來的了。

整理傷口的過程，每個人處理方式各不相同，這樣的不同跟個性與童年的遭遇也相關。

有些人藉由找人傾訴一邊整理自己的想法與下一步的做法；而總是必須自己解決問題又不喜歡麻煩別人、讓別人擔心的個性，就會在事過境遷才輕描淡寫提起。

這世界上沒有真正的感同身受，只有全心的體諒與盡力的理解。

那些不輕易展現的脆弱、不帶防備的樣貌，到底願意讓對方看見多少，放心讓多少真實的自己表現出來，取決於感受到多少的安全感，這也等同於你對他的信任程度，夠相信對方自然會對他夠放心。

他讓你多放心，你就願意交出多少最真切的自己。

讓你最放心的人，會讓你解放真正的自己。

別人對你的評價其實都是你願意被看見的那一面，很多時候在別人眼中的溫暖善良有耐心，並不是真正完整的你。

那是戴上面具的你、是別人希望你成為的樣子。

是為了滿足大人世界的生存守則，勉強拼湊出來某一個樣子的自己。

人際關係之間失望的產生，是因為當他喜歡的是那樣的你，也希望被那樣的你對待，你卻只想在他面前作真正

所幸世界沒有虧待你的良善

的自己，希望就算不必太懂事也可以被愛，就算暗黑也能被包容。

期待的落差造成了傷害，雖然不是刻意的欺瞞對方，卻還是會讓人有上當的感覺。

每個人的暗黑、自私，只想沉淪到像一攤爛泥，這樣的厭世、不想再努力的低潮時刻都應該要被接受。

沒有人想要一輩子都溫暖善良體貼，那樣的人設活得太累了。

人生這麼長，我們不可能時時刻刻光彩奪目，偶爾會是所有目光的焦點、是備受寵愛的主角，可以毫不費力就攀上了人生顛峰，卻也會有跑跑龍套連一句台詞都沒有的低谷，甚至會是別人故事裡最壞心的配角。

那些過往人生經歷的傷痛，逼著自己獨自承擔真的太吃力了。

不管是親情的偏頗、愛情的殘忍、友情的背叛、人世的不公不義，你也偷偷希望著能被誰接住這些難以啟齒的傷口。

除了溫柔善解人意之外，不輕易顯露的不夠可愛，你也會敢於在真正理解你的人面前展現，不擔心把他嚇到轉身就走。

真正能接住你的人，面對你的冷酷偏激不會逃避，只會

心疼你抗拒讓別人理解的掙扎，只會想讓你感受到被懂得的溫暖。

你們柔軟了對方不被他人認可、容易傷人的硬刺，一起慢慢磨合，成全彼此獨一無二的自己。

只有他能給出的安全感不僅僅是因為他對你夠好，更得因為你是他的例外，才會讓你顯得特別，也才能讓你感到放心。

很多感情的開始或許只是你比別人順眼，所以我就愛上你如此簡單的化學作用。但，延續到真正牽起手來再也不想輕易放開，還包括了你那些好好壞壞的樣貌，我曾見過的、沒見過的，甚至將來有一天會突然冒出來的殘缺，也許一時半刻難以消化、無法立刻同理，可是我們都要一起經歷、花時間想辦法克服。

一輩子那麼長，我們總會找到方法。
一輩子那麼短，我們不要那麼簡單就放開對方。

所幸世界沒有虧待你的良善

● ● ●

　　一輩子真的好短，我們不要在將來
想起對方時覺得遺憾，在好不容易
相遇相愛時，好好相處一起慢慢白
髮，說好了就要一起盡力做到。

　　　　　　　　　　　　　　● ● ●

不要輕言勸和

你曾經在她心裡放進一份愛情，告訴她會開出幸福。
只是答應過的幸福遲遲沒有到，到了後來的後來她的
淚都乾了。

見到分離的場面旁人當下最不該介入的做法就是：勸對
方和解。

**不要一派輕鬆叫別人原諒，你不知道他經歷過怎樣的心
碎。**

不是身在其中的人是無法真正明白，他們之間過往發生
了什麼，更不會懂得提出分手的人也許才被傷得比較
深。

輕易要人和解，只是避免我們不想見到的尷尬場面，並
不保證誰可以真的幸福。

　　　　　　　　　　所幸世界沒有虧待你的良善

在熙來攘往的捷運月台上，列車一走人潮散去，早就決定搭下一班車的我一眼望見了一個熟悉的身影。那是一位向來開朗的朋友，這是我第一次看見她臉上毫不掩飾的落寞，裝滿了說不出口的心事。

應該是感受到我的視線，在我遲疑著該不該打招呼時她回過神來看見了我，擠出了一個禮貌的微笑。

可能是很需要跟誰說說話吧～她主動問起我有沒有時間陪陪她。

我們簡單的用過餐，就並肩在安靜的公園邊走邊聊。

「我決定要分手了。」

我靜靜地聽著，沒有接話卻來不及管理臉上表情的變化，這自然沒有逃過她的眼神，她淡淡的笑了。

她這勉強一笑，臉上的哀傷跟著暈開，像是潑墨蔓延到全身，就連身旁的我都沾染了一些些。

他們在一起很久了，久到身邊的朋友都以為會是一輩子了，而且感情很好，至少我一直是這樣以為的。

讓我們羨慕的愛情往往與真實相隔一段不算近的距離，都以為坎坷只找上自己，別人像是天生合拍不必經歷筋疲力竭的磨合，就能相安無事到老，後來才知道那只是他們把破敗掩飾得夠好。

仔細想想我跟她的另一半也僅只是點頭之交，連朋友都談不上，為什麼印象中就覺得他是個很溫暖、完全包容著、寵愛她的好男人呢？

因為她從來沒有抱怨過身邊的男人，讓周圍的朋友感受到的，都是自己是個滿足、被寵溺的女子。

你以為的幸福都是她要讓你看到的。

你以為的愛情也是她准你接收到的。

你以為的好男人是她描述出來的，現實中的不堪跟欠缺她從來沒跟誰提起。

她以為那些偏差自己可以消化得來，這麼多年來兩人也看似好好的相處著，相互依賴著。

這幾年可能是年歲漸長，又或者意識到該放過自己、讓自己過得輕鬆一點，她動了離開職場的念頭。

投身職場這些年來不曾停下腳步喘息片刻，然而，來自四面八方毫不見外壓在她身上的經濟負擔卻越見沉重，以致於她再怎麼有能力也無法累積到足以讓自己安心的資產。

前陣子，她和另一半聊到了對未來的規劃，向來隨性到天真的男人一句以為貼心的回話，不偏不倚正踩過她的底線，在那一瞬間她終於正視了兩人之間一直存在著、差異過大的價值觀。

「那天我們聊到老年後如果退休了，沒有固定收入該怎麼生活這樣的事情。」

她緩緩地說起兩人的衝突，聲音平穩沒有太多情緒。

「結果他一派輕鬆的說，如果以後收入沒這麼好了，大不了就不要住這麼大的房子啊，住差一點也沒關係。聽到他這樣說的那一刻，我心中浮現了一個念頭，我們之間沒有未來了。」

她停頓了一下又接著說。

「當時我只想朝著他大吼，我一路這麼辛苦走來，難道就是為了搬回去一個套房住嗎？

那一瞬間，這麼多年來的壓力跟委屈在心中一股腦噴發，他是最明白我一直以來如何負重前行，就算別人不清楚，我的拚命他全都看在眼裡。

為了擺脫從小難以甩去的困頓，我是如何咬緊牙關努力著，他也知道，卻輕易說出那樣的話。

我以為的陪伴是要一起經得起風雨，他卻置身事外我的焦慮，袖手旁觀我的脆弱。我不渴望他支身遮風擋雨，但他也不該任我一人淒風苦雨。

沒有挺身而出，反而放手我的為難，正是他傷我最深的地方。」

「他會不會只是想要讓妳放輕鬆？讓妳別給自己太大

的壓力？」我這旁人還是忍不住插嘴分析了男人的心態。
「他應該要做到實際上分擔我的壓力，而不只是嘴上說說，繼續過他一派輕鬆的逍遙日子。」

她不是不願意繼續扛著重擔，只是所有接受的人不該如此心安理得、問心無愧。

回到爭執的現場，身為一個成熟的大人當然明白要克制情緒理性溝通，她當下忍住了，但心中的不悅透過沉默無聲地傳達著。

男人當時的表情定格成一幅畫，掛上心頭讓她記得以後別再輕易相信許諾。

男人把難關說得稀鬆平常的那句話成了一把刀，狠狠往她心頭插，要自己記住這是選擇的代價。

還來不及相守到白髮如雪，這份愛情已經因為男人的漫不經心老去了。

壓垮駱駝的從來不會只有一根稻草，當並肩同行的日子裡傷心失望慢慢掩蓋了快樂，她失去了堅持下去的力氣，變成了一個不愛笑的女人。

為了守護這段愛情，她每天都在背叛希望快樂的自己。

如果想要幸福就得那樣拚命，那這樣的幸福她不要了。

「我想起一個遙遠的記憶，妳知道白鳥麗子嗎？」
不知道為什麼她突然問起我這個多年前流行過一陣子的

日本漫畫人物主角。

簡單來說，白鳥麗子就是個富二代擁有驚人的美貌，常以誇大的言行舉止掩飾內向害羞的性格，不通人情世故的她每天都在闖禍，專情的喜歡著哲也。

「有一次麗子跟哲也大吵一架，因為搬到寬敞明亮的新家後，麗子根本不開心，哲也以為對富二代的麗子來說還是不夠豪華，他不知道自己還要怎麼努力才夠好。其實，麗子難過的是新家太大了，以前住在只有幾坪大的房子，她只要一個轉身就可以抱著哲也撒嬌，根本不用起身，哲也就可以把她想要的東西立刻拿給她。

搬到大房子後，她擔心如果自己躲在房間裡生氣或哭泣，哲也不會馬上過來哄自己。

年輕的時候看到這段浪漫情節，我哭到雙眼紅腫感動得一塌糊塗。但那天我卻只想著我才不想要搬到不夠寬敞、不夠舒服的地方住。是我變了嗎？」

人當然會改變，一直這麼努力要讓日子變好的你，當然值得夠好的對待，變得更加挑剔或要求並沒有錯。

生活無情的逼迫讓我們越來越明白，愛情裡的那些允諾只能維持大半天的溫度，就算聽到「你可以依靠我」這樣的話也不會再容易熱淚盈眶，不只是懷疑對方能堅持多久，或這樣好聽的話能不能成真。

● ● ●

更多的清醒是來自於不願意變成別
人的責任，
更多的把握是來自於只有靠自己得
來的成果，
才能更加踏實問心無愧。

● ● ●

「他跟我發過豪語的，跟他在一起只需要盡情的快樂其
他都不用管，他要讓我過得沒有煩惱。一起生活了這麼
多年，他的表現只顯得那些話空洞到抓也抓不住，現在
的我也已經明白，不可能會有實現的那天了。

我提出分手，認識他這麼久第一次看見他落淚，但我已
經不會心疼也沒辦法再回頭了。他哭著說，要我再給他
一些時間來證明，一定會給我足夠的安全感。」

說到這裡她澀澀地輕笑了一聲，聽得我心好酸。

「妳知道嗎？時間我是有的，要再多點耐心我也懂，
只是我已經不願意了。」

你曾經在她心裡放進一份愛情，告訴她會開出幸福。

只是答應過的幸福遲遲沒有到，到了後來的後來，她的
淚都乾了。

她曾經一心一意相信你說的那朵花肯定會在哪天盛開，
等不到花開如今除了離開她什麼都不想要了。

先提出分手的人也可能是最心碎的人，正因為在乎才總
是被傷了又傷，她已經沒有完整的心，可以再等待你說
好的未來。

把不捨得跟可惜通通清空

總是會好的，即使你沒有努力。
總是會醒來，就算你沒有刻意。

戀愛像推理，我們總是以手邊現有的蛛絲馬跡去推敲出自己被愛的證據。
也會在愛人離開了以後，企圖從殘破的回憶碎片裡拼湊出不被愛的原因。

在剛剛失去愛情的日子裡，允許自己終日渾渾噩噩已經是一種放諸四海皆准的默契，儼然成為一種被准許的厭世守則。

原本疑惑你如此頹廢與失常的人，在知道原因後會有一

所幸世界沒有虧待你的良善

種原來如此的體諒油然而生。瞬間同理你的苦痛、甚至會掏心掏肺分享起自己當時多淒涼與哀傷。

那一段氣力放盡的日子裡，你活成了連自己都認不得的模樣。

太陽一樣升起也如常落下，周邊的人事物都繼續運轉著，只有你停在被他留下的那一天。從他離開你們愛情的那一天開始，景象都突然變得很模糊，是日子在過你，不是你在過日子。

因為是個必須擔起責任的大人了，你還是記得有一些待辦事項非得要做到。

每天渾渾噩噩地移動著自己，不缺席那些應該出現的時間與地點，需要微笑的時候你實在太想配合了，卻因為努力過了頭反而變成不合時宜的大笑。

就算場面瞬間有點尷尬，幸好在場的都是成熟的大人，很快就有人出手相救你的失常。你暗自稱讚自己做得好，不管怎麼樣至少沒有失態地哭出來。

畢竟在當下有一陣哀傷突然間冒出頭，你忍住了，成功地用大笑掩飾落淚，大家都以為那是喜極而泣。

假裝了太久也是會累的，你終於願意理直氣壯地說服自己，這是一段連老天爺也會批准的假期。

在這段時間裡可以變成一個關閉五感的廢物、可以不要太快好起來。

只是，在成為了大人以後的人生裡，可以停下腳步過一段問心無愧長假的機會越來越少，就算可以刻意無視心中那個天天吶喊著想要快快好起來的聲音，也逃避不了多久。

克服失戀這樣的事是沒有辦法努力的，無能為力的沮喪會蔓延很長一段時間，你會拿自己的悲傷無可奈何。

而這一切都是必須走過的經驗，只是我們會搶先心疼自己肯定經不起這哀痛欲絕，卻在事後才會發現原來自己的勇敢足夠經得起這些。

脫離了憂傷再回看這些坎坷，才能寬容地明白這些都只是必須的經過。

就像卓別林（Charlie Chaplin）說的：「人生近看是悲劇，遠看是喜劇。」

沉溺在悲劇的當下，眼淚總是不知收斂任性妄為，悲傷來襲之際根本不管場合。你有過幾次失控發生在平淡無奇的日常，獨自處理著文書或只是閒聊的平凡對話，突然滿溢的淚水不講道理地排山倒海而來。

這些荒謬的曾經，在日後被當成笑話般說出來時，通過理解的眼神才知道原來大家都知道當時的你承受了些什麼，只是他們不想逼問，要等你願意自己說出口。

總是會好的，即使你沒有努力。

總是會醒來，就算你沒有刻意。

每個人覺醒的頻率不同，快則三五個月，慢則也可能拖上個以年為計的單位。

覺醒的時刻沒有設上鬧鐘，你無法靜靜倒數等待，但撼動的力道卻又讓人無法忽視。

可能是在某個一如往常的午後，當你佇立在熙熙攘攘的人群中，被刺眼的陽光曬到發疼的那一刻，那些腦海中細瑣的片段突然通通串連起來，給了你答案。

• • •

得到了答案，才可以說服自己拋下過去繼續往前走。

找出了答案，釋懷愛情的逝去不會光是一個人的錯。

• • •

抽絲剝繭推理出殺死愛情的元兇是誰很重要嗎？

可能你要的，並不是一個最正確的答案，你需要的是一個能夠再開始的動力。

你必須先放掉伴隨著分手的難過傷心之外，那些不捨得跟可惜。

你不捨得自己的付出，隨著愛情的消逝都好像不算數了。

每一次的付出都是心甘情願，甘願的付出享受到了喜悅那就是最好的回應。

不要一邊付出一邊等待擲地有聲的回報，這樣錯誤的期待容易落空也只會讓自己更加傷心。

但你還是覺得可惜，可惜了你們曾經那麼好，現在一切卻成空。

如果他會覺得可惜就不會這樣糟蹋你們的愛情，跟不懂得珍惜的人錯身一點也不可惜。

因為捨不得過往的美好再繼續在這段關係空耗人生，才會讓你以後的日子更加可惜。

把不捨得跟可惜通通清空，你的心才有多餘的空間接納新的可能，被眼淚洗得夠乾淨的雙眼，終於可以看見下一個幸福。

可能是在某個一如往常的午後，
當你佇立在熙熙攘攘的人群中，
被刺眼的陽光曬到發疼的那一刻，
那些腦海中細瑣的片段
突然通通串連起來，
給了你答案。

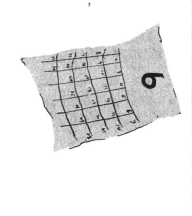

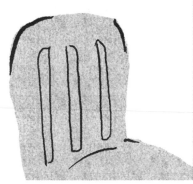

我要的幸福你再也給不起了

他許過的天長地久，成就了你心痛的餘生。
過往每一個刻在心上的承諾，只剩擦肩的遺憾。

年輕的時候過生日總是歡天喜地，三十五歲過後卻只想
要被全世界忘記。

還記得二十歲生日那天，一群朋友徹夜飆著車去到了墾
丁，只為了把你舉起來扔向大海，瘋狂嬉鬧。

那時候的你們都以為，只要過了二十歲就能順理成章地
幸福起來。

長大成人後的生日變得越來越沒有特殊意義，就只是一
年三百六十五天之中平淡無奇的某一天。更糟的是，這
一天不見得會特別幸運，還有可能會加倍倒楣。

所幸世界沒有虧待你的良善

可能會是穿上新的白襯衫，卻在一大早被咖啡潑了一身的某一天。

可能會是熬了一個星期才弄好的企劃案，被罵到一文不值的某一天。

更可能會是避開了全世界擁擠的人潮，自己一個人吃著滷肉飯滑著手機上所有生日祝福，當晚餐配菜的某一天。

就算是早已習慣毫無波瀾過著日子，卻還是會有這樣的時刻，突然迎面吹來的一陣風讓你捨不得自己太過孤單。

想要再心動一次，想要在某人眼中變得特別，想要被一雙總是帶著笑意的溫暖眼神專注凝視著。

以為自己練就了一身的灑脫蓄意避開了生日，其實是因為太過在乎才要刻意迴避，正因為失望過太多次，才讓自己別再抱著希望。

是一次次的失望後，你才養成了不過生日的習慣，至少別讓自己在生日這天也要承受傷心。

至少在平平凡凡度過三百五十多天之後的這一天，就只要是這一天，可以因為有個誰的凝望，讓自己變得閃亮，分外與眾不同。

只是天總是不從人願，你今年的生日竟然成了決定結束這段愛情的那個某一天。

沒有想過自己會變成這樣的角色，在朋友面前你的名字變成了擔心。

生日祝賀的簡訊都成了問號：你還好嗎？要不要有人陪？朋友傳來的都是擔心你的情緒，擔心你一個人怎麼過日子，只因為結束了一段感情。當然這不是隨隨便便的一段感情，這原本是大家眼中天長地久的兩個人該有的樣子。

你也許容易心動卻不容易蠢動，要真正接納一個人來到自己的世界，對你來說從來不是簡單的一件事。

他輕易毀棄了你的不簡單，為了成就自己的尊嚴。

對他來說，面子比你們之間的愛情來得重要，面對這樣的選擇你啞然失笑，毫不意外符合男人一貫的準則。

• • •

> 相較於珍惜，喜歡簡直是太容易的事。喜歡一個人很容易，懂得珍惜卻太難做到，真正懂得珍惜的心情是比喜歡還有更多的捨不得與牽掛。

• • •

　　　　　　　　　所幸世界沒有虧待你的良善

捨不得讓對方失望，捨不得擔上任何會再也見不到這張笑容的風險。

顯然他在做出這些傷害你的決定之前，沒有太多的捨不得，所以才會這麼容易捨得傷害你。

他許過的天長地久，成就了你心痛的餘生。

過往每一個刻在心上的承諾，只剩擦肩的遺憾。

其實你也並不是那麼地遲鈍，你的確也感受到了一些不對勁，卻總是喜歡替對方編織藉口。

「不會的，是你想太多了。」

「不會的，這一定有誤會。」

那是直覺在警告你快逃，你卻掩耳不聽，甘願自己又一次承受傷害，寧願讓自己再劃下一道深深的疤。

男人你看清楚了嗎？

這個女人就是曾經這樣的愛過你，如此奮不顧身、如此自討苦吃。

再也承受不了的之後，你才甘願放手不再凌遲自己，不再讓自己日日夜夜煎熬刻骨地疼。

終於攤了牌，你早就知道了，在你們相識的一開始，他就已經對你說了謊。

你也曾經給過他好多次解釋的機會，他卻決定把謊言越疊越高。

你失控對他怒吼，他怎麼可以這樣對你，你們曾經那麼好。他沉默以對你的撕心裂肺。

你曾經對他說過，如果那一天到了，希望可以比他先離開這個世界，因為不能想像自己過著沒有他的殘年，要怎麼樣可以再笑出來。
你曾經是如此地依賴著他，全心全意相信著他，他卻背棄了這樣的信任。
那天，他終於願意承認自己的欺騙時，你哭了。
他哭著對你說，他真的做錯了，要你相信他以後不會了。
可是，信任這樣的事情，是拼湊不回來的。
你怎麼能要一顆碎成千萬片的心再拼回以往的安好無恙。
如今，他的每個眼神都讓你無法再相信，將來他的每一句話你都只會聽到謊言。
就算現在的他是真心誠意，你再也感受不到了。
你沒有辦法再像從前那樣毫無防備的愛著他，只能無助地、戰戰兢兢等著他什麼時候又要給你傷害。

你可以接受他的道歉，但沒有辦法原諒他。
更無法原諒允許被他傷害的自己，無法原諒眼看前方一

　　　　　　　　　所幸世界沒有虧待你的良善

地荊棘，肯定會痛到體無完膚還是執拗前往的自己。

信任這樣的事情一旦撕毀了，再也回不到原來的全心全意了。

放下是對你的解脫是對他的懲罰，他總是以為你不會離開，才如此恣意揮霍你的愛情、你的寬容。

當時的你還多次反省是不是自己做得不夠好，才讓他如此任意妄為。

後來你懂了，是他不明白這樣的包容有多難得，你給的義無反顧，他拿得問心無愧。

你決定要走了，過去的這幾年你曾經相當幸福，謝謝他的陪伴，接下來的路也許孤單，也許寸步難行，但是你想要自己一個人走。

你要的幸福他再也給不起了。

慶幸不是你

想克服失戀我們需要多一點點不甘心的力量，這股不甘心不是要你死纏爛打，拒絕放手。你的不甘心要放在捨不得自己難過上。

⬤　　⬤⬤　　⬤⬤　　　⬤

一個難得涼爽的夏夜我與朋友相約，眼前緩緩入座的女子美麗優雅，真看不出來還不是太久之前，才剛走過了一回天崩地裂的分手。

聊完一輪近況，話題不免來到了她重生之前那一段日子不算短的崩潰。

「在談好分手，要從這段愛情畢業的那個晚上，我對他說了一段話，現在回想起來好像有點太狠了。」

這懂事的女孩開始反省起自己，我挑起了眉發送出疑問，她顯示出陷入回憶的表情。

　　　　　所幸世界沒有虧待你的良善

「那個晚上，我真的是哭到以為自己的淚水永遠都流不乾了。

後來在情緒比較和緩能夠說出完整句子的時候，我對他說，在我夠幸福之前，請他繼續好好活著，我要親眼看見他夠後悔的樣子。」

我豎起讚賞的拇指，她看見我逗趣的反應，放聲大笑。

對她來說，這段戀情結束的有點冤枉，可是分手不就是這麼一回事嗎？

• • •

心動時需要兩個人的勇敢，要放手
卻只要單方面說不愛了就可以結束
一切。
不能繼續的理由聽來都只剩牽強，
不愛了三個字往往足以解釋全部。

• • •

「我是真的很不甘心，畢竟原本以為終於上岸了，不必在單身人肉市場裡繼續廝殺征戰。」

她啜了一口紅酒，配著臉上淡淡的遺憾。

這一路走來人生的遺憾又豈止是一段段無疾而終的戀情？

日後肯定還會有數不清的遺憾等著要發生，我們所能做到的只有在當下，用盡全力努力過活，讓自己避免遺憾也不成為別人的遺憾。

一段愛情的結束讓那些好聽的承諾都變成了謊言，即使當時是真心的，如今都成了諷刺。

想克服失戀我們需要多一點點不甘心的力量，這股不甘心不是要你死纏爛打，拒絕放手。你的不甘心要放在捨不得自己難過上。

以為靠上岸了，卻還是在愛情裡失戀了，一顆心根本無依無靠，真是不甘心。

以為對方的愛跟自己一樣濃烈，卻被輕易的替換了，真不甘心。

你的好、你的可可愛愛都還沒來得及讓他真正明白，他就離開了，真不甘心。

讓這些不甘心與可惜通通成為你的動力吧。

就算動機是為了讓他後悔也好，只要可以驅使自己前進也正好可以借力使力。

• • •

情緒最脆弱、最暗黑的時候，往往
需要的不是有人告訴你真愛只是尚
未來到，恨著一個人反而會是更好
的鼓舞，驅使你為了讓他後悔、讓
他痛心疾首不懂珍惜，奮力打造更
好的自己。

• • •

不甘心只是過程也是種手段，比起渾渾噩噩過日子，因
為不甘心而激發的力量可以讓你夠迅速，安然度過失去
戀情的傷痛。

經歷過了這場損耗，迎來了雨過天晴真正的看開後，你
不但會忘了自己有多心碎，更會忘了立過誓要讓他回
頭，因為現在的你早就不需要他的後悔了。

原來你已經自由了，放過了自己也斷開了那段苦痛的曾
經。你更從疼痛中看清了，你們果真是不適合的兩個
人，只是曾經錯以為彼此是對的那個人。

先放手的他，也許不值得感謝，至少他讓你明白了不愛了就要乾脆的放手，不拖不拉也是對愛情負責任的態度。

你一點也不可惜不是他，相反的是慶幸不是他。

慶幸不是根本不明白你有多好的他，要跟你走上一輩子。

慶幸還有機會能遇見夠相愛的另一個他，在將來要把你愛得像是怎樣都不夠。

只是在這樣的慶幸來到之前，你會先做足準備，你不心急焦躁、你不怨天尤人。

你的心態很健康不讓過往的傷疤當作害怕的藉口，不拿那些傷痛的心魔去考驗下一個可能留下來的好人。

下一回你要談的愛情再也不是什麼過關遊戲，必須打倒什麼大魔王，你要用清清朗朗的心，勇敢讓自己再去試一次，就像是沒愛過一樣的天真。

慶幸不是根本不明白你有多好的他，
要跟你走上一輩子。

願意多試一次的勇敢

所有的愛情在一開始都很像幸福，後來讓我們錯愕的
變調都是因為不夠用心，更是太過放心把對方的存在
與付出視為理所當然。

大多數分手的過程都是狠毒的凌遲，仔仔細細慢慢片去
曾經的至死不渝，許你的那些明天永遠。

**你的傷心不是突如其來的，傷心是一直都在的，只是在
獨自一個人的時候才被允許放心猖狂。**

**那些排山倒海的崩潰是傷心的窮途末路，是明白了愛情
真的不復存在，是劃清你我界線的不忍。**

被傷心操控的你執拗地想搞清楚，手牽手一起出發時說
好的遠方會是在哪裡，想弄明白在哪一個轉角弄丟了幸
福。

　　　　　　　　　所幸世界沒有虧待你的良善

下定決心要分手最難的是捨棄，捨棄過往的你們曾經那麼好，捨棄相信地久天長的可能。你以為你們很特別，特別到能逃過詛咒，可以特別好，好到一起慢慢變老。

你已經厭倦了一再失去一再心碎，可是繼續讓自己困在不快樂裡，也不該是你唯一的選項。

那個人許諾過要和你一起白首，卻沿途把你給的愛情肆意揮霍。

他不是罪大惡極，他只是認定了你不會狠得下心終結這一切。他是被寵壞的孩子篤定認為你放不下他，你手中殘敗的幸福只剩下忍耐，面前的唯一選項只有無止盡的退讓。這段愛情曾經跟幸福很像，直到他後來不再用心經營幸福。

每一段愛情一開始的勇敢都賭上了可以幸福的可能，當初願意讓他介入自己的人生，當然是為了能夠更開心。

只是當一次次眼見他啃蝕你的容忍，慢慢囂張地耗盡你的耐心，你毫無選擇浮現了寧願從此孤老一生的絕決。

你知道人生還很長，再往前走當然也可能風雨不斷，可是你寧願獨自承受孤單出沒，也好過如今兩個人困在令人窒息的寂寞。

所有的愛情在一開始都很像幸福，後來讓我們錯愕的變調都是因為不夠用心，更是太過放心把對方的存在與付出視為天經地義。

在經歷過他之後，對於愛情你更加沒把握了。

這一次你以為自己都做對了，反覆檢查了一遍又一遍你找不到答題上的任何錯誤，到底為什麼自己必須又一次經歷失戀的苦痛。

包容跟遷就你都做到了，風雨你都一肩扛，只要他的世界晴朗一切安好。

時間一久，他竟然也怡然自得這樣過著日子，任由你一個人咬牙苦撐。

他不壞，他只是比起體貼你更加沉溺於自己的困境，他也想振作起來，但有你遮風擋雨的世界，比起自己出去闖蕩打拚更加輕鬆快活。

他明知你就要被用力撐起的世界逼到支離破碎了，卻還逃避面對他該擔起的一切。

● ● ●

你可以任勞任怨，但他不可以捨得你如此勞碌。
你過了頭的體諒，只會把自己糟蹋到體無完膚。

● ● ●

人是有惰性的，你其實一點也不想習慣沒有他的晚安，
傷心的時候還是想膩在他的懷抱裡。

真的太過想念的時候，只想沒出息地穿上他的影子，活
成沒有明天的樣子。

你想念你們、那個好到以為可以一起老去的你們。

在故事的最後，他終於在你提出鐵了心的離別時驚醒。

懂得太晚的悔恨，在你淚都流乾了之後才十萬火急地企
圖趕上，你卻再也不會因為他感動了。

耐心也有賞味期限，你已經在這段感情裡擱淺了太久，
不論是置身小小溪流或是任憑自己孤身漂向大海，只想
要可以脫身的自由。

**你從來沒開口要過一整面海，就算他給的是小小魚缸的
愛，只要那是他盡力給的你都會歡天喜地接受。**

**可惜的是，他雖然樂於享有你的無怨無悔卻給不出足以
依靠的寬闊，是你錯把他認成一整片汪洋。**

**你以為終於遇見了你的海，卻在自己幻想的愛裡奄奄一
息。**

離開他之後你的心不可能突然被修好，你最害怕朋友的關心不管回答什麼都像是在說謊。

你不知道要過上多個日日夜夜，才能夠讓自己好起來。

你只知道努力這樣的事用在失戀上，沒有什麼用。

你聽說幸福還是在某個地方等著你，雖然你並不是太相信。但你明白幸福靠的不僅僅是又一次的運氣，幸福還要靠願意多試一次的勇氣。不管曾經辛苦嘗試過幾次，永遠要給自己多試一次的勇氣。

● ● ●

畢竟幸福的「幸」是一加上辛才得來的，是願意多試一次的勇敢，是忍住了擔心又受傷的害怕，才有了「幸」也才會成為幸福。

沒有誰的愛情不辛苦，你只是比別人辛苦更多次罷了。

● ● ●

而你這些奇奇怪怪的念頭，難以捉摸的可愛，總有一天也總會有人懂得。在這些還好不起來的日子裡，任性的傷心、盡情的難過。

你勇敢地帶著自己離開他了，至少已經把自己領到了快樂的起點，接下來就繼續大步往開心的未來走去吧。

閨密陪審團

你先幸福吧～真的沒有關係，看著你幸福反而會讓我變得勇敢，我也會願意相信自己遲來的專屬愛情終究是會到的。

●　　　●●　　●●　　　●

當親如家人的朋友久違遇見了心動的對象，閨密肯定會比對方更加投入跟過分的熱心介入吧？
我看著眼前這個侷促不安的男人，心中雀躍的程度簡直像是自己在談戀愛。
「大壯是吧，我是小花的朋友。」
男人一聽到我提起小花，立刻笑開成一朵花跟著熱情地點了點頭說。
「我知道，她常提起妳，妳們認識很久了感情很好。」
毫不迴避落落大方的直球回答，我喜歡，加10分。

　　　　　所幸世界沒有虧待你的良善

我對他解釋起突然相約是因為小花這兩天明顯有心事卻
不肯直接說，才想來問問他會不會知道些什麼。

「我也沒有頭緒，但是如果妳知道了原因，請一定要跟
我說。」

他語氣中透露著滿滿的在乎，讓我眼神發亮忍不住八卦
了起來。

「你們開始交往了嗎？」

「還…還沒有啦～是我自己單方面很喜歡她。」

眼前這個原本看似穩重成熟的男人突然慌張地揮舞著一
雙大手，雙頰漲紅邊解釋兩人目前的狀況，這樣的坦誠
讓我忍不住一直暗自幫他加分。

我滿意地笑了，邊看著他邊頻頻點頭，這樣的反應讓他
更加慌張又緊接著說。

「我只是很擔心她會不會自己躲起來偷偷難過…」他這
一解釋又更加重表達自己有多在乎小花。

我曾經寫過一篇文章〈我不想去妳的婚禮〉收錄在《在
最好的時候遇見你》這本作品集裡。文章的靈感來自於
有人向我提到自己嫉妒著好友，不想去參加她的婚禮而
感到苦惱。

在那篇文章裡，我試著梳理了一下那樣矛盾的心情。

我還是替妳開心的，只是除了開心之外還有些奇怪的
情緒摻雜在裡面。

在還不是太久之前，我們還一起喝著酒藉著醉意大罵
男人，在大雨的街頭提著空酒瓶嘶吼、大哭了一個晚
上。

在還不是太久之前，我陪妳上婦產科去確定是不是懷
孕了，那時候的我們還握著對方冰冷的手說要把孩子
生下來一起養。

在還不是太久之前，我們還一起發過誓：老了要找一
間好大好大有海景的房子住在一起，妳每天推坐在輪
椅上的我出去曬太陽，我如果還有力氣就幫妳拍痰。

現在妳卻拋下我要自己幸福去了，我被背叛了。

其實，都已經三十好幾的人了，我早就參加過一場又
一場的婚禮。

不管親疏遠近，朋友甚或客戶我都去了。

而妳，是我最好的朋友，我怎麼有不到場去親自祝福
妳的道理？

我們不會有那些言不及義的對話：

「不要再挑了！」

「什麼時候輪到妳？」

每每面對這些七嘴八舌的無聊問話，我其實都不會生氣。

難道我不想結婚嗎？

我知道，專屬於我的那天只是還沒到而已。

但現在，妳要結婚了，我的那天卻不知道還要等多久、要哪天才會到。

我慌了、我被妳遺棄了，我成了被留下的那個人，真的變成一個人了。

孤孤單單的一個人。

就算，真的去到了妳的婚禮現場，我怕自己根本笑不出來。

我應該會哭、會哭到一塌糊塗卻不是為了妳而感動。

就像那些一起入圍了卻看著別人上台領獎的歌手或演員，實在沒有辦法真心的替妳開心，妳能原諒我的自私嗎？

我最親愛的妳，我根本不想去妳的婚禮
我這樣的朋友是不是很糟糕？

其實人都難免會有較量的心態，不管對象是不是你的朋友，這是人性難以避免。可以避免的是產生這種心態的你，後來是選擇怎麼面對的。

看著朋友找到屬於自己的幸福，除了替他開心之外難免會對比起自己的狀況。如果當時的你日子過得並不容易，就會在開心之餘還摻雜了其他負面的嫉妒、被背叛、被遺棄的心情。

不是說好了要一起老去，怎麼你找到幸福了，那我怎麼辦？

不是說好了鄙視全天下的男人，過好我們的單身日子就好了嗎？你這個叛徒。

• • •

朋友之間也是會產生佔有欲的，我不是希望你不幸福，而是能不能不要太快幸福，留下我一個人孤單。消化這些自己過不去的情緒後，真正的朋友會因為心疼而放下自己的複雜思緒真正地為對方開心起來。

• • •

因為明白他遭遇過怎樣的心碎，終於有個人不惜萬水千山的跋涉來到了他的面前，想起來你都比他還想掉淚。

所幸世界沒有虧待你的良善

你先幸福吧～真的沒有關係，看著你幸福反而會讓我變得勇敢，我也會願意相信自己遲來的專屬愛情終究是會到的。

在大壯跟小花終於開始交往半年後，我又有一次機會跟大壯單獨聊天。

原本約好的一場旅行因為我無法前往，他們也決定一併取消。

「我勸了她好幾次她都不願意去，我不能去有什麼重要，你們兩個人自己去就好啦～少了一個電燈泡不是正好嗎？」

我滿心愧疚撥通了大壯的電話，想趁還來得及要他勸勸小花，沒想到他一口回絕了我。

「小花很看重這次我們一起的旅行，少一個都不行。」

我忍不住大翻白眼正想再勸進。

「而且，這次旅行泡湯哪是因為妳，明明是因為我啊～我臨時請不了假，我們公司太需要我了，不能沒有我啊～哪是因為妳啊～妳這個人會不會太自戀了啊～妳哪有這麼重要啊～」

我聽著這個平常低調的男人一點也不自然誇大的說著，一方面覺得好笑，另一方面真的是滿滿的感動。

我當然明白這是他為了抹去我的罪惡感的刻意說詞，感動之餘心裡跟著浮現了小花真的是遇見了一個好人啊～這樣的感嘆。

雖然說伴侶之間相處是兩個人之間的事，但透過跟身邊朋友的互動多少也能看出每個人的個性。

當一個男人連伴侶的朋友都願意包容如此寬宏大度，當然在面對自己心愛的女人時更會有著大海般寬闊的胸膛，可以接受不夠可愛時的她，讓她不必總是擔心要夠聽話懂事才能被愛，讓她能安心展現最初的自己。

一份美好的愛情會讓人變得更加寬容，因為太感謝這個人終於被帶到了你身邊，因為他的出現你更懂了幸福的難得。

你會讚嘆自己夠好運，會忘記過往如何埋怨老天爺是不是把你的愛情投遞錯了地址，你會更明白一切的不容易。

● ● ●

原來這一路上那些斷斷續續的離散，都是為了鋪墊現在的再也不換，驀然回首，還好自己最終還是沒有跟幸福走散。

● ● ●

　　　　　　　所幸世界沒有虧待你的良善

最後，我只想對大壯說，我放心把她交給你了，一定要好好相處、好好善待她、善待你們的愛情，如果有一天愛情被弄丟了，也要好好說再見，並且記得告訴我，我會好好把她接回來的。

人生的最後一場戀愛

你要的愛情從來不複雜，卻總是遇上了複雜的人。日子還很長，等在前方的不知道會是個什麼樣的人，筋疲力竭的你只希望這一回真的會是人生的最後一場戀愛。

●　　●●　　●●　　●

初秋的夜裡適合漫步時聽著女歌手唱著愛情說著離別，精準的歌詞命中你的現狀，明白揭開殘酷的事實直指你的困境，是真的不被愛著的。

你在她的歌聲中終於面對了該離散的事實。

愛情對以前的你來說就是完整的一片天，總是深情仰望著希望被對方的溫柔包圍。現在的你胃口變得很差，好不容易出現了愛情，卻沒什麼動力去嘗試。

兩人之間的磨合實在太過累人，你懶散地想著怎麼沒有那種一拍即合的靈魂等著要和你遇見。

　　　　　　所幸世界沒有虧待你的良善

也許有人就是真的注定不會遇見真愛的，你突然冒出了
這樣的想法。

流浪過一段又一段感情，你疲累到無法再多做思考，一
個人的生活可以難倒你的事情不多，偏偏對你來說愛情
就是如此棘手。

就算是交出了滿分的答案卷，也不見得是對方想要的對
待。

對於愛情你要得真的不多，偏偏在這樣一次又一次的勇
於再試後，還是沒有留住一個誰在身邊。

常聽朋友說太久沒有談戀愛，早就忘了喜歡上另一個人
的感覺。

你覺得自己的狀況並沒有比較好，就算有這樣的好運可
以遇見喜歡也被喜歡的對象，卻又沒有足夠的運氣能夠
找到就此為對方停泊的那顆心。

你也好想跟誰一起過日子，過到相看兩相厭，過到天天
嫌棄他的大肚子、時不時讓他幫你拔掉新生的白髮，細
數臉上的皺紋逼他說出自己一點都沒有變老，這樣好聽
的謊話。

自己好像真的就是那種不會遇見真愛的人，只能在一段
段感情之間漂流著。

還是會心動，會被思念折磨，然後臉紅心跳的約了幾次

會，接著就是失望的發現彼此的不適合。

這樣的感覺比無法再對誰心動、沒辦法再愛上別人還來得糟糕，是種過盡千帆的無力疲憊。你寧願總是平靜無波過著一個人的好日子，也好過一次次期待之後卻又落空。

你太容易交出真心，總天真的以為自己遇見的都是好人，輕易把對方一切言行都信以為真。

你真的無法明白為什麼有人能狠下心，欺騙全心全意相信自己的人。就算被傷害過這麼多次了，依然在下一次相遇裡全心擁抱，對於這樣的自己你根本束手無策。

於是你打算轉變心態把愛情當成人生的消遣，再也不死心塌地追尋著什麼真愛不真愛的總可以了吧？

反正自己要忙的事情也挺多，日子安排得很充實，只是偶爾需要一些小情小愛刺激自己即將乾涸的賀爾蒙。

沒有把誰擺心上，就算會感覺空蕩蕩的，至少不特別在乎誰，也就不會輕易被誰傷害。

人生總會面對很多的第一次，你相信自己可以辦得到不再放任自己的心蠢動。可是你忘了，愛與不愛之間離得並不是太遠。

你也許有這樣的幸運，能夠發生一些心動的小曖昧與對話，緣分淺淺到此為止也就不會造就心痛。

所幸世界沒有虧待你的良善

可是，「在乎」該怎麼控管？喜歡一個人難道可以規定自己只到小小的心動就好？

不是擅長遊戲的人卻讓自己涉入這樣的冒險，雖然感覺像是無謂的掙扎，現在的你真的只想要這樣小小的喜歡就夠好了。

沒有被愛情隔絕得太遙遠，也不會因為誰亂了生活的步調，偶爾想起他時足以讓自己掛上一抹微笑，這樣的喜歡對現在的你來說剛剛好。

你當然可以把自己一個人的日子過好，但你很清楚自己是需要愛情的，再獨立的人都需要另一個體溫的陪伴。

你想在另一個人面前毫不掩飾地耍賴，你想要光明正大的說出愛，不想要再猜測他這些行為是哪些人生的傷口導致。

懂事了一輩子的你，總在體貼身邊所有人，只想在人生的最後一次戀愛裡，可以任性一些些。

如果這段生命終究會在未來的某一天消逝，不想要一路走來的日子少了一雙溫暖的手可以相依。

你沒有放棄過愛情卻不確定愛情是不是放棄了你，為什麼總是讓你承受一次又一次的分離。

你也不是多挑剔或總是高不可攀，卻一次次在戀愛中敗

下陣來，根本連自己填錯什麼答案都不知道。

● ● ●

比起突然的心動，你更想要慢慢喜歡上一個人，慢慢開始談一場戀愛，不玩什麼小心機、不再有過多累人的猜忌，你們清楚明白的喜歡彼此，願意為對方就此停下腳步。

● ● ●

你要的愛情從來不複雜，卻總是遇上了複雜的人。你也不清楚如果再勇敢一次是不是就能夠簡單的去愛、簡單的擁抱彼此的體溫。

日子還很長，等在前方的不知道會是個什麼樣的人，筋疲力竭的你只希望這一回真的會是人生的最後一場戀愛。

比起突然的心動，
你更想要慢慢喜歡上一個人，
慢慢開始談一場戀愛。

輯
二

傷停時間

不要輕易說出加油

即使你努力過他的努力，為難過他的為難，
也不應該輕易說出冷言冷語，
去打擊正在經歷苦痛的人。

我是個不會輕易說出加油來幫他人打氣，更是個討厭接收到「加油」這兩個字的人。
在之前的作品裡，也坦白過自己聽到「加油」時，會忍不住浮現負面的心情：

加什麼油呢？
你看不出來我已經快沒力了嗎？我怎麼還會有辦法加油？
加什麼油呢？

所幸世界沒有虧待你的良善

你看不出來我已經用盡全力了嗎？難道我看起來很偷懶？

只要一聽到「加油」聲，就會有種種的負面情緒想要大聲反駁。

因為已經努力了又努力，卻還是沒有看到期望的結果。因為已經努力了又努力，努力到不知道還能做什麼了。這樣時候的我們，其實很害怕聽到「加油」這兩個字。

聽到這樣的鼓勵，自己該要有什麼樣的表現呢？

回一個陽光般的燦爛笑容？

已經覺得自己不 OK 了，已經覺得自己拖累了別人，怎麼還能擠得出笑容？

已經沒有了方向，光是麻痺的埋頭努力是對的嗎？

或者，這樣的壓力對自己是好的嗎？

當心裡的疑惑越積累越多，對自我價值的懷疑也越來越深，這時又不斷聽到旁人輕輕鬆鬆的一句：

「加油！」

不但沒有被激勵，心中的理智線反而最可能在這個時候斷裂。

不想要再加油了，因為承擔不起別人失望的眼神。

不想要再加油了，因為好像再加油也都只在原地。

不想要再加油了，因為太努力後才不得不放棄了。

你的一句「加油」或許出自善意，卻只會帶給他無比的壓力。

適度的壓力或許是成長的開始，但壓力過度的累積卻只會擊垮一個人。

我們太習慣輕易說出：「加油」兩個字，

卻忘記了簡單的兩個字會給聽到的人多大的壓力。

當然以上都只是我個人的感受，大多數人說出「加油」應該都帶著真誠的關心與善意，只是沒料到自己以為的正面鼓舞卻帶給他人強大的壓迫感。

失意人的更大挫敗是來自一些習慣用冷嘲熱諷包裝的關心，很多人喜歡以一些無關痛癢的風涼話「早就跟你說了」來表達自己洞悉一切。

好像這樣貶低你，才能顯得他比較優秀更能看透局勢。

就算不見得每個人都懂得用最適當的方式表達溫暖與關懷，就算好聽的話說不出口、覺得太過噁心，也不該誤以為用責備的口氣來表達在乎，對方會懂得那一份「愛之深責之切」。

偏偏這樣的狀況最常發生在親子之間。

父母明明有許多心疼，可說出口的話卻盡是指責不滿甚至是嫌棄，已經身在低潮的孩子自然無法從那些難以入

耳的字眼中，找到父母對自己的在乎。

他們不止接收不到關愛還只想逃得更遠，久而久之，什麼心事都越來越難以說出口，家人之間的關係也越見疏離。

韓劇《二十五，二十一》以動盪不安的1998年為時間背景，刻畫一位小時候被稱為「擊劍神童」熱愛擊劍的高中女孩，與因為亞洲金融風暴被害慘的落難富二代，兩人在青春正好的年紀相遇而衍生的故事。

在《二十五，二十一》的某一集劇情裡，女主角羅希度漸漸闖出名堂陸陸續續贏得大大小小的比賽冠軍，已經累積了一定的實力與知名度；男主角白易辰雖然只有高中畢業卻很努力以同等學歷考進電視台，當起記者專門負責報導擊劍比賽。

某一次得知外地棒球比賽需要支援的白易辰，自告奮勇提前一天抵達大邱。

他如此積極表現，一方面是想為自己累積經驗，另外的私心是為了爭取可以跟隔天也要在同一個城市比賽的羅希度，異地共進晚餐的約會。

當天的棒球比賽戰況激烈，球迷跟球員都做出了相當不理性的行為，正在用餐的他們邊聊著剛剛球賽的狀況時，同在餐廳裡的大叔們因為分別支持不同球隊，主客

場球迷矛盾的立場毫不相讓，衝突一觸即發相互叫囂了起來。

本來沒有太大反應的兩人，在其中一位大叔說了一句話後，羅希度這個小女孩憤怒地用湯匙朝桌面敲出了巨大的聲響，這一敲引起大家的注意，全部人都安靜下來，看向他們這一桌。

「大叔們，我可以理解你們的心情，但可以安靜的吃飯嗎？輸了比賽最難過的是球員本人吧～」

短短一段話把大叔們罵到啞口無言，回過神來的大叔正想怒嗆這位小女生的時候，認出她是知名的擊劍選手，這齣鬧劇才匆匆落幕。

大叔說了什麼，讓羅希度如此憤怒呢？

他說：「打得爛死了！我去打都比他好。」

比賽輸了，誰會比球員還難受？

外界排山倒海的謾罵、對自己停不下的責難、深深覺得拖累了隊友的愧疚，日以繼夜一波波席捲而來，巨大的壓力像是沒有盡頭地把自己被逼到幾乎就要滅頂。

同樣身為運動選手的羅希度當然很明白輸掉比賽的心情，所以才會聽到路人大叔那一句冷冷的奚落時瞬間情緒爆炸。

　　　　　　　所幸世界沒有虧待你的良善

在這樣的時候聽到一聲「加油」，真的能對抹去苦痛有幫助嗎？更別提那些火上加油的挖苦了。

● ● ●

在那樣低落的時刻，不管是加油或嘲笑聽起來都像是在否定。
否定了自己一路上的辛苦，那些擦不乾的汗、好不了的傷、不服輸的淚、衝不過去的撞牆期，更別提連自己都不敢直視的畏縮。

● ● ●

偶爾你也很想逃，想要丟下一切，分明只要一個轉身就是海闊天空的自由了，卻怎麼樣都邁不開那第一步。
能夠繼續咬著牙吞下這些刁難，是因為旁人的期待，是相信自己終究有一天可以辦得到。
負能量爆表之際，那一聲來自善意的加油你只會感受到非收下不可的惡意，至於那些沒心沒肺的嘲諷，更光明正大地吞噬你的堅強，壓迫著你一時半刻都不得鬆懈。
就好像感到膽怯就是弱者，對明天沒有把握就是失敗。

用自以為的善意包裝成的不論是關心或是冷嘲熱諷，承受起來都如千斤般沉重。

即使你努力過他的努力，為難過他的為難，也不應該輕易說出冷言冷語，去打擊正在經歷苦痛的人。

「我也經歷過啦～這又沒什麼～」

「拜託你這又沒什麼，想當年我如何如何～」

那是你忘了身陷其中時的痛楚，你忘了曾經也一度快要摒棄自己。

比不明究理的尖酸刻薄更冰冷的是，同樣處境的人說出口的嫌棄。

對於那些無法感同身受的閒話，最初就不抱任何會被理解的期待自然很容易釋懷，可是來自經歷過同樣創傷的人，卻把你的沮喪歸類為惺惺作態，這樣的鄙夷分外觸目傷心。

● ● ●

藏得夠好的傷不是不怕疼，表現得一派輕鬆也不代表他不夠在乎，要停下夜裡哭不乾的淚，克服停不下的自責真的一點也不簡單。

● ● ●

所幸世界沒有虧待你的良善

不要輕易說出加油，更不要隨口否定別人的努力，他們那些傷痕累累的不容易，只是不想讓你看到罷了。

懂事過了頭是種自虐

人與人之間要有來有往，互有進退，不避諱的麻煩彼此，單方面的忍受就是縱容，他原本沒有如此荒謬，後來變得如此張揚跋扈都是你允許的。

我很喜歡自助旅行，一開始的目標大多鎖定距離近溝通沒有問題的日本。

熱衷於規劃嚴謹的行程，每天的踩點寫得密密麻麻，還精細到要搭幾點的長途列車都得全數掌握，不容許任何差錯。

經驗多了加上年紀越來越大之後的旅行心態懶了，連帶行程也變得鬆散，訂了機票飯店就可以出發，要去什麼景點前一天晚上睡前 Google 後就決定。

以前總在擔心漏了哪裡沒去到，會跟什麼美食擦肩而

所幸世界沒有虧待你的良善

過，購物清單永遠列不完整。現在已經不再會有多餘的念頭，開始認定錯過也是旅行的一部分。

因為知道擔心沒有用，不管事先準備多麼周全，旅行避免不了要迷路、有差錯。既然是一定會發生的事，那也只能讓它發生不必刻意避開。

就算已經是這樣隨性的心態了，前幾年一趟大阪行卻還是被一家著名的串炸連鎖店，搞得大失所望。花上等待的時間也照例點了店家的招牌，卻根本食不知味，枉費我花了這麼大的力氣跑這一趟。

後來跟一位當時每個月要去日本一兩趟的朋友聊到這件事時，他笑著回應：

「那是你去錯家了，你應該要去另一家分店。」

朋友的好心提醒卻踩到我的底線，怒氣難平的我心想。

「這不對吧？消費者因為信任你的品牌所以進去消費，沒有監控好餐點品質是店家的問題，怎麼會變成我必須要知道哪一家分店才是真正美味值得消費的呢？怎麼會變成我應該要做足功課，知道應該去那一家才能避開地雷呢？」

這件事居然變成是消費者的錯，這樣的結論讓我相當不開心。

人際之間的往來也很常有這樣的情況發生，分明錯在對方，你卻成為必須反省檢討對象。

在發生衝突後，有些人會這樣勸架：

「他沒有惡意只是說話比較不客氣。」

「他人不壞只是有時候會比較火爆。」

「他其實也會照顧別人，只是更會占人便宜。」

像你這樣懂得關照他人情緒的人反而成了活生生的受氣包，沒有人會去指責惹事生非的肇事者，反而會覺得你少見多怪，他就是這樣不講理的人你稍微忍耐一下不就沒事了。

這話說得像在指責你，不懂得設身處地為人著想。

這話也像是在說仗著真性情而不講理的人沒有錯，是吞不下這口氣的你有錯。

可能是你一直以來就不太計較，最快解決這樣尷尬狀況的辦法當然是找比較好說話的人下手，才能迅速平息爭執。

所謂真性情而蠻不講理的人可以如此蠻橫，是因為事情的一開始大家總是希望以和為貴，不追究是非的讓步，才造成他往後理直氣壯地橫行霸道，這是當初縱容他的人必須要承擔的後果。

而這種所謂毫不掩飾的真性情其實就是一個人不成熟的

表現，你當然可以很有自己的個性，但真性情的表現有個前提是：不能夠讓旁人感到不舒服。

你可以盡量直來直往、以真性情待人處世，但這不代表可以無視他人的底線，否則被當成一個不夠尊重別人的混蛋也在所難免。

● ● ●

在大人的世界裡生存，請照顧好別人的情緒，如果你只在乎自己的舒心卻讓他人不舒服，那就是不對的。
沒有人應該要承擔你用真性情包裝的自私，即使親如家人也不是應當。

● ● ●

人際之前的社交往來顧及別人的感受是必然，是成熟大人必須要有的禮貌，不是用一句真性情就可以掩飾過去的。

在充斥表面平和的職場，為了避免衝突我們往往選擇容忍情緒乖張的人。這樣的退讓不但沒有解決問題往往會

讓他得寸進尺，以為大家的容忍都本該如此。

一個再有能力的人若管理不好自己的情緒，只讓人想敬而遠之。

也別把自己活成習慣壓抑情緒起伏，總是優先考慮別人喜惡這般卑微。

越是懂事越是設身處地替他人著想，往往越容易被漠視你的需求。

平時與世無爭，不捲入內鬥紛爭是你的選擇，但是在該為自己爭取的時候當然還是要懂得挺身而出。

越懂事只會被認為越應該，不會有人記得要心疼你。

每個人都有自己的戰場要拚鬥。光是顧全個人的生死就會耗盡一整天的力氣，你無法期待有人總會抽空趕赴你的救贖。

過度懂事的人有無法戒除的盲點，總在檢討自己，總在責備自己少做了什麼。

懂事過了頭其實就是太自戀，以為全世界的出錯都跟你相關。

懂事過了頭更是種自虐，給出去的退讓體貼只淪落到被糟蹋。

● ● ●

不要在別人的錯誤裡找自己的過
失，不要拿別人的錯誤來檢討自
己。
懂事也要懂得適可而止，並不是所
有的過錯都是因為你，更不是所有
的過錯都與你有關。

● ● ●

人與人之間要有來有往，互有進退，不避諱的麻煩彼
此，單方面的忍受就是縱容，他原本沒有如此荒謬，後
來變得如此張揚跋扈都是你允許的。
是你一再隱忍讓他貪得無厭最終完全失控，他的崩壞，
你是責無旁貸的幫兇。

寬容要給懂得回報的人，妥協不是全面棄械投降，同樣
溫暖的人才值得體諒，委曲求全用在自私的人身上都只
是白白浪費。

每個人殘忍起來
都有他應該的理由

在你輕易決定要傷害別人之前，肯定沒有想像過疼痛
的不堪。要一直等到你終於也痛過了，才會明白地獄
的模樣，也才真正跟他一樣走上了一遭。

人生闖蕩了這些年，你是不是也經常感覺到疲累。

一加一始終無法等於或大於二的常態，讓你不知道該怎
麼努力才能換來一個滿意的現狀。

最好的未來總是在遠方，你拚盡全力也不知道自己有沒
有多靠近一些些。

這其中人際關係的交手，肯定是最耗費心力的原因。

Jason一點都不適合創業當老闆，他創意滿點執行力強
大，可是個性太過溫吞，商場上不講仁義道德他卻厭倦

所幸世界沒有虧待你的良善

耍手段玩心機，常常吃悶虧。

好幾次被妒忌的同行陷害到我都以為他要撐不住了，卻還是看見他憑著最後一口氣堅定地活了過來。

這天一大早，業界最大的代理商盛氣凌人找上門來，衝著 Jason 的秘書大吼，讓他跟合夥人立刻進公司來開會。

壞消息傳遞的速度往往比好消息快上許多，在業界早就傳開這代理商當初因為巨額的利潤，兩個月前突然不顧 Jason 公司死活，毅然決然退出早已經談妥的合作案。

代理商這兩天才發現來挖牆角的人根本是個空殼，資金壓根沒有到位，什麼企劃案都執行不了。

不要說巨額利潤了，連參展的簽約金都被吞掉了，他現在必須收拾好這個爛攤子，否則連自己的工作都要不保。

在被毫無理由終止合作的那段日子裡，Jason 跟他的合夥人每天早出晚歸各自分頭奔波著，好不容易才穩住局勢。今天卻突然被秘書告知，代理商要求他們兩個人放下千頭萬緒的大大小小會議，立刻趕回公司跟他開會。

而 Jason 現在正好整以暇坐在沙發上跟我喝著咖啡。

「你知道嗎？一個多月前我曾經在他辦公室外坐了五個半小時，他一直裝忙根本不願意見我。」

回想起這件事，他的眼神裡還是有隱隱約約不張揚的疼痛。

「我現在這樣，會很小心眼嗎？」他小心翼翼地問我。

我搖了搖頭，看了一眼牆上的掛鐘說：

「他才等了三個小時，我們還有點時間，要不要吃個司康？」

上帝偶爾也會出錯，祂會讓好人吃苦，讓善良的人總是受傷。

好人吃苦吃多了也會累，總是受傷的善良的人偶爾也會想要反擊，而當下 Jason 能做到的反擊，也不過就是再多拖點時間讓對方繼續乾著急，好好吃個司康罷了。

可是，這樣小小的抗議與反擊帶來的快樂，就足以讓我們存夠繼續拚鬥下去的正能量。

上帝太忙了，祂要愛的世人太多，所以才派遣了朋友陪伴在我們彼此身邊。

我能做到的就只是陪伴，從來不會多嘴左右別人的任何決定。

過了兩天我們再度見面，也是到了那天才知道 Jason 拒絕與代理商合作。

「他三言兩語輕輕帶過歉意，接著就一一細數現在日子

有多難過，還用譴責的字句指謫我，你知道那時候我心裡在想什麼嗎？」

Jason嘴角揚起一抹淺淺的笑，舒舒服服窩在沙發上問我。

「很痛快？」這肯定是最標準的答案了，我很得意。

「喔～原來你也會這麼痛啊～」他輕輕笑了起來。

看著他淺淺的笑容，我想起曾經聽過的一句話：

去過陰間的人才知道那是什麼樣子，在那之前全都是一知半解。

在你輕易決定要傷害別人之前，肯定沒有想像過疼痛的不堪。

要一直等到你終於也痛過了，才會明白地獄的模樣，也才真正跟他一樣走上了一遭。

如果在動手之前先想像過被傷害的疼痛，至少會遲疑該不該下毒手吧？生而為人比其他物種多的，也不過就是這樣一絲絲的同理心罷了。

我們無法預料人生中必須經歷過多少需要和解的場面，被傷害的一方願意和解的動機，不應該是為了讓大家滿意，讓場面和諧不再尷尬。

和解，最應該做到的原因必須是為了自己，為了讓自己

真正的放下，為了不讓自己背負著憤恨過日子。

為了自己的心平氣和，而非是讓眾人心滿意足，簡簡單單就把自己的委屈出賣。

沒經歷過那樣的傷，就別輕易要求別人原諒。

• • •

就算你痛過一樣的痛，最後也選擇了和解，也不代表這樣是最對的決定，更不代表所有人都必須做出跟你一樣的決定。

• • •

真正的和解不見得會是握手言和，更多時候是為了放過自己、放下過多的情緒，只想過好自己的餘生。

總是糾結在他人不願意和解，斷定對方不夠寬容，先問問當初給出傷害的時候，是不是有過於心不忍，是不是背棄了良善的心選擇了殘忍。

每個人殘忍起來都有他應該的理由，我們在某個關鍵的瞬間，都曾經決定了自己想要成為什麼樣的人，下定決心要承接一份心意或是背棄。

不管將來是不是會後悔，在那個關鍵的瞬間，你都決定了要傷害某個人，或是要保護某個人。

也因此在將來，面對結局到來的那一天，從某個人的臉上看到的不管是傷心，絕望，難以置信，或是萬分感激。

這都是你的救贖，同樣也可能會是你的懲罰。

最甘心情願的努力

年少時這些看似吃虧的過程都在鋪成你的強大，畢竟
那時還生嫩到扛不起過重的責任，當時的過分天真根
本無法完美消化過多、過重難以下嚥的醜惡現實。

●　　　　●●　　　●●　　　　●

跟朋友相約大餐的這晚，閒聊之際她提起最近辦公室發
生老鳥欺壓菜鳥的醜陋事件，說到不平之處還罕見地動
怒。當事不關己時很多人會選擇漠視，但她偏偏就是俠
女性格一天到晚想要拔刀助人。

「才幾歲的孩子，這樣子對她真的太殘忍了～」
看著我一臉淡定繼續大口吃肉，她不解地追問：
「你不覺得很過分嗎？」
當然過分，任何良善的人都無法容許不公不義在眼前發
生，更別說職場上活生生演出的這些扭曲的價值觀，跟

所幸世界沒有虧待你的良善

以前在課堂上學到的總是很不一樣。

越有產值的人擁有越大聲量的話語權，曾經以為的是非黑白標準拿到職場通通不算數。

● ● ●

在職場沒有人會因為你夠善良，在利益衝突時就對你讓步。
一個好人是無法在業績至上的職場裡，好好生存下去的。

● ● ●

她之所以會有這麼大的反應是因為過往曾被那樣對待，明白那巨大的傷害足以徹底擊垮無數顆年輕熱情的心。當初的她承受過同樣的震撼教育，自然明白那足以摧毀原本對人性毫無保留信任的天真，會讓人黯然失神對未來失望，甚至改變原本的性格喪志地隨波逐流。

我慢條斯理塞了一口和牛細細品嚐著，不疾不徐地又說：

「妳有沒有想過一旦出手干預，以為在保護她的同時，是不是也讓她失去了接受挫敗磨練的機會？妳挺身而出保護她，自以為是的為她好，但會不會她更需要學習的是，可以獨自面對為難的勇敢。」

她沉默下來看著我若有所思。

「如果不是經歷過那些強逼著你低頭的壓力，勉強吞下許多無理的要求，那些刁難你都一一克服過來，找到壓制自己硬脾氣的生存之道，也不會有今天這樣強韌的你了。」

聽著我的分析，她的憤慨漸漸平息了下來，安靜地聽著。

「更別說，沒有走過這些曾經，你會少了多少之後可以拿來說嘴的想當年。」

「你很賤耶！」

聽到這裡她終於忍不住翻了個大白眼。

成長過程遭遇的每一次際遇都是打造人生的工具。

我也曾經在還沒進入社會正式工作之前，就被有背景的人選硬生生搶走原本應徵上的職務。這在當時看來像是重大打擊的挫折，現在卻更能看懂命運想要對我說的話。

「這裡不是你該被困住的地方，你有更適合的方向要去。」

在看似暗無天日的逆境中掙扎了太久，你以為自己不可能看見有光的希望，卻沒想到應該要轉過身去，朝向另一個透著微亮的遠方前進。

如果當時第一份工作得心應手，我就不會不服輸地繼續北上拚鬥幸運進入媒體業，後來寫書的驚喜際遇更可能通通不會發生。

漫漫一生中每一次挫敗的發生都是在催促你，不要停在原地趕緊用力邁出腳步，往自己的夢想再多接近一點點。

年少時這些看似吃虧的過程都在鋪成你的強大，畢竟那時還生嫩到扛不起過重的責任，當時的過分天真根本無法完美消化過多、過重難以下嚥的醜惡現實。

如果你在自己都還如此不足時　就急著坐享其成大開條件只想撈到好處，那樣的得逞是沒有辦法得意多久的。

不管活到了哪個年紀，無法掌控的未來當然都讓人難免恐懼。

在找到自己真正想做的事之前，更會有許多的遲疑。

但在這之前你必須先找出來的是，做什麼樣的事你會願意全心投入，會讓你不計較徒勞無功，願意不斷地付出，即使眼前一片漆黑照不亮前方的道路，依舊不輕言退縮。

在我很喜歡的美國影集《新聞急先鋒（Newsroom）》的最後一集裡，女主角晚間新聞製作人 MacKenzie 說，她

一直沒有把製作新聞當作是一個工作，對她來說這是人生的 Calling、是召喚。

● ● ●

所謂的 Calling，不見得是工作事業上的成就，在人生這個志業中找到自己擅長的事也算數。

● ● ●

尋常過日子的壓力，見識過多的醜陋嘴臉，會讓人疲累到什麼都沒有辦法再相信了，類似這樣的疲憊是會不斷積累的。

你可能會在某個好像終於功成名就了的那一天，在覺得對得起自己的努力跟眾人的殷殷期盼之際、在稍稍鬆懈下來之時，那股巨大的疲憊感就會趁隙埋進你身體的某處，很深很深的地方。

動也不動，再也不走，等待著你下一次感覺脆弱無力、掉入情緒黑洞時，再張牙舞爪惡狠狠地把你困住。

找到你的 Calling 盡力去做到它，那會是你就算疲累不堪依然最甘心情願的努力。

你也感受到自己人生的召喚了嗎？

如果感受到了，也能夠義無反顧的埋頭硬幹嗎？

沒有人可以一直賴在人生不走，臨走之前我們總要留下一些來過的痕跡，我們總要做到對得起自己的 Calling。

夢想不必總是那麼偉大

如果夢想已經被你埋在深深角落的原因，是你覺得夢想必須偉大到拋下一切去追求、去完成，也許你給了夢想過大的壓力。

●　　●●　　●●　　●

開始用自己的筆名出書寫書居然已經超過十年，這個數字甚至沒有加上之前當影子作家的年分，回頭看看這一路走來連我自己都感到驚訝。

每當跟別人聊到寫書、聊到我寫的稿量，對方總是很驚訝的問：「妳哪來的時間寫作？」

也有人會說：「妳一定很喜歡寫作，否則白天的正職已經這麼忙了，休息都來不及，怎麼還會願意把空閒的時間也耗在這上面。」

白天我是正常的上班族，這麼多年的職場生涯總是帶給

　　　　所幸世界沒有虧待你的良善

我另一股正能量還有養分。不只是安穩生活的依靠，在職場上接觸的人、聽到的事，更成為我許多書寫靈感的來源。

可以如願做著喜歡的工作的人並不多，而我何其幸運可以同時擁有兩個，白天的電台節目製作人，也在節目發聲，以及持續出寫書書。

我從小就喜歡書寫，幾天沒寫還會覺得痛苦。

看見的聽見的都可能碰撞出花火，讓我產生一些念頭與想法。每當忙到無法即時記錄下來，就會有一些想法堆在腦子裡不停地敲打著、催促著，那些文字執拗地擠壓著，他們想要被寫下、他們需要被看見。

正職在電台節目部工作了這麼多年的我，見過太多玩音樂的人比我還要堅持走在實現夢想的路上。樂團的成員總難免來來去去，除了理念不合的原因之外，大多就是因為經濟壓力只好放下自己的音樂夢。

我記得有一次「小男孩樂團」來錄製節目時，團長說了一段話大意類似是：

「夢想不必總是那麼偉大，不見得一定要拋下一切去追尋。」

聽到他這樣說我有種好被理解的感覺，他說出了每個企圖兼顧夢想與生活的人的貪心。

● ● ●

夢想的偉大程度
不在於你設定的高度。
可以落實的夢想
才有你該堅持的溫度。

● ● ●

夢想也可以融入到生活裡，跟我們的生活同頻呼吸。
不輕易放棄夢想，企圖讓它可以持續進行當然會很累，
但得到的回饋將會很值得。
不肯放手自己熱愛的工作，還硬要把夢想緊緊抓住的
我，不僅僅是因為貪心不肯放開任何一樣，更是相信自
己能辦得到才這樣大膽地固執。

「一番最初に描いた夢を、あなたは今も覚えてる？」
──當初描繪的夢想，你現在還記得嗎？

這句經典的台詞出自多年前的一部日劇《東京朋友》。
每個人都有夢想，只是你還記得它的模樣嗎？你還記
得當初豪氣萬千理直氣壯說出夢想時的自己嗎？
那股深深的渴望、想要觸及夢想的苦痛，那股不想放棄

所幸世界沒有虧待你的良善

的執著、肯定自己能成功的輕狂，你還記得自己曾經那樣努力過嗎？

如果夢想已經被你埋在深深角落的原因，是你覺得夢想必須偉大到拋下一切去追求、去完成，也許你給了夢想過大的壓力。

我從年紀很小的時候就喜歡寫作，在還不明白自己駕馭文字的能力之前，唯一做到貼近夢想的辦法，就是大量閱讀吸收各種觀念想法，消化過後反芻出自己的理論，還有當然就是不停的寫，寫個不停。

沒有人會知道有沒有機會成功，但你如果害怕嘗試就永遠不會知道自己能不能夠辦得到。

或許擋在我們跟夢想之間的從來都不是現實，而是解決的方法。

或許夢想從來都不遙遠，是恐懼讓你以為它遠在天邊無法抵達。

是時候再回頭望望你的夢想，想想看能不能有辦法讓它融入自己的生活一起同頻呼吸、一起用力實現。

先釋出善意的不見得是好人

一個表面上看似良善的好人，也許是因為面對你不必
費上太大的力氣去鬥爭，彼此沒有利益衝突，他就不
需要特地出手傷害你。

——人類唯一贏過神明的地方，是惡意。
《終末的女武神》

人性是很複雜難懂的，每個人都擁有不只一個面相，就
算朝夕相處了數十年還是會在狀況發生時，驚訝地看到
對方讓你感到陌生的模樣，那足以摧毀這些年來累積的
信任，看見一張你無法直視的嘴臉。
認識時間的長短無法判定一個人善良的程度，惡意常潛
伏在角落，等待最佳時機一舉剷除我們的良知。

所幸世界沒有虧待你的良善

平靜無波的尋常日子裡，每個人都還能盡力良善，沒有感覺到生存受到威脅堪稱滿足的此刻，人人都還有餘力當個好人。

在沒有發生大事之前，自然不會被逼出醜陋的樣貌面對他人。

一個表面上看似良善的好人，也許是因為面對你不必費上太大的力氣去鬥爭，彼此沒有利益衝突，他就不需要特地出手傷害你。

在沒有利益衝突之前，每個人都可以是個夠良善的好人。

一旦侵犯到他的好處，就會展現出你難以想像的醜態，你也才會知道過往對他的認定全都是你的自以為，原來他還有著你難以想像的面貌。

每個人內心的想法當然無法輕易從外在表現看透，為了維持和平共存更多人必須學會善於偽裝，讓喜怒不形於色。

率先對你釋出善意的不見得是好人，冷漠相待的卻更可能在危急之際出手相救。

韓劇《某一天》因為一夜情而陷入殺人嫌疑的大學生，最初應訊時遇到了一位即將退休且辦案經驗豐富的老刑警，他看起來公正不阿，在問訊的過程中，還表達了對

大學生的同情。

可是，這個案件因為犯人手法太過兇殘引發了眾怒，在媒體上鬧得沸沸揚揚，社會大眾都等著看檢警雙方如何破案。

警方輪流偵訊大學生多次，嚴厲逼問之下始終無法取得口供，情緒崩潰的他大喊自己根本沒有殺人。

時間一分一秒地過去，就算雙方再僵持不下還是必須移送法庭，這時，老刑警突然提議讓狼狽不堪、渾身是血的大學生換件衣服。

故事發展到這裡，你是不是感受到老刑警的溫暖呢？你以為他是好心嗎？其實那是他的壞心，他自有他的打算。

移送法庭的過程勢必要踏出警局面對媒體，只求聳動標題的嗜血媒體會從什麼角度去描述這個嫌疑犯呢？當然是從短短的押解過程中，嫌疑犯表現出的言行舉止，這其中還包括了他的外表。

老刑警很清楚這樣的流程，他決定要利用這一點逼出心中早已設定好的答案。

他刻意選了一件明顯招搖、顏色俗豔，胸口印著大大一顆張牙舞爪的虎頭，還繡上大大名牌 Logo 的 T-Shirt 讓大學生換上。

這個原本裝扮純樸、看起來無辜單純的大學生，僅僅因為一件上衣的替換，就給人玩世不恭、輕浮的印象，更別提因為名牌衣著的上身也會連帶勾起社會大眾的仇富的心態了。

事情的發展一如老刑警的期望，媒體開始編派起大學生的人格，不問證據直指他肯定是殺人兇手。輿論一面倒的把他定罪，被刻意換上的衣服也連帶影響了法官對大學生的第一印象，立刻讓他收押禁見。

原本就憑直覺一口咬定大學生是殺人兇手的老刑警，很滿意這樣的結果，以為自己一手推波助瀾實現了正義。

有太多表面上看似好心的舉動，背後包藏的淨是讓人瞠目結舌的禍心。

初來乍到新職場，先跟你親近的同事，背後的打算可能是先掂掂你的斤兩，他想搞清楚在熟絡後能不能隨意差遣你。這樣的人向來以推卸責任行走職場多年，他賭你會不好意思拒絕，畢竟你還這麼菜。

也有打著朋友名號帶著不懷好意的接近，口頭上總是說羨慕你擁有的一切、試著仿效你一切言行舉止的，最後會連你的另一半都想擁有，設法介入搶走。

家人之間除了日常的衝突，更多來自於年長者長期照護的推卸以及家產的爭奪，在那迫在眉睫之際，你才會被

迫看懂了人性的猙獰。

當然這並不代表我們必須防範每一個人，而是要明白不管是面對什麼樣的關係總會有預防不了的、突如其來的惡意。

當這樣的事情發生時，就不會總是習慣檢討自己、以為是自己做錯了什麼，或者希望找到為什麼會發生壞事的答案。

讓自己無端陷入煩惱，不停的自責。

● ● ●

習慣檢討自己的你應該先弄明白，在價值觀扭曲的人眼中，很多時候做得太多有錯，做得太對更是錯的離譜。
而你能為自己做到的就是，不讓這些無理的情緒左右自己應不應該快樂。

● ● ●

容易被支配的人總是把別人的情緒誤認是自己的，以為別人開心自己才能被允許快樂，以為別人傷心自己就應

所幸世界沒有虧待你的良善

該要更加難過。

你沒搞懂的是，這正是因為你的同理心太過強大，才容易被支配。

每個人都是獨立的個體，喜怒哀樂當然可以分享，但不必跟著一起沉淪，

你有你的人生，我有自己的，能夠相遇不論是遲來或晚到都該拿出真心相待，遇上的壞人壞事就一腳踢開，不必難過太久甚至進而怪罪自己。

你要知道物以類聚的道理，垃圾就該丟到垃圾回收場，不是留在自己的人生，你的真心誠意要留給真正值得的緣分。

你的人生你說了算

我的人生還有很多別的重要大事必須執行，我們可以
作伴同行在漫漫路上，但我不會犧牲自己的人生去成
就你的一生。

你以為三十九歲的大人該是什麼樣子才叫夠像樣？
孤身一人在成長這條路上挺進，來到我們根本無法喊
停、更無力抗拒，下一個人生的關卡——三十九。
可是，三十九歲跟十九歲、二十九歲不一樣，實在太不
一樣了。
當還是十九歲、二十九歲時，面對人生依然有著從容的
餘力，還能慢條斯理地哀傷青春的逝去，邊急躁想要如
何才能更成熟，卻又免不了擔憂起外貌會不會過熟。
奮力追逐人生成就、良好名聲的同時，卻對眼前筆直前

所幸世界沒有虧待你的良善

進的這條路根本沒有把握。

究竟這一路走來，自己所有的決定都是對的嗎？

這樣的自我懷疑一天也從未停止過。

你面對無法被保證的未來，過著沒有標準答案的人生，持續帶著迷惘與不安，每天、每天只能拖著日益沉重的步伐，企圖用刻意打造的堅強來說服自己。

可是，來到了三十九歲，時間越來越逼人，每分每秒簡直是全力用光速在飛逝。每每到了必須做出決定之前，心裡會冒出更多的遲疑。

你有太多的擔心，你擔心已經三十九的自己好像一切都來不及了，你也擔心已經三十九的自己不能再拖延下去，但就算已經三十九歲了，還是有太多不能就此放棄的堅持，你不想妥協。

到了三十九歲，一旦犯了錯已經無法輕易被原諒了，大家都期待你會是個獨當一面的大人，世故穩重，勇於負責。

只是大家對於所謂成熟的大人總是依附了過多錯誤的期待，像是遇到問題，事情要能不慌不忙的迎刃而解；即使是晴天霹靂般的噩耗，也要能清楚明白冷靜地處理。

但真的會是這樣嗎？

我相當確定的是，就算活到了六七十歲，自己肯定還是

會跟現在一樣，面對噩耗不知所措，不明白事情的正確解答，在親如家人的朋友面前盡情幼稚。

展現在別人面前的成熟大人模樣，當然可以一如往常壓抑到平靜無波，但心中卻荒蕪到如同漂浮在深深的大海，無依無靠。

那最深層的恐懼、踩不到底的無助，只有在最信任的人面前才會完全崩壞。

年歲虛長的我們可能會受過更多的傷，不得不更看懂一些人性的陰暗，就算忍痛的能力變強了，傷口還是避免不了會疼。

躲在人後大哭次數只會更多，宣洩過後更不見得可以讓人變得更加堅強。

遇到麻煩時不見得更加從容，慌張依然避免不了。比起依靠著誰有能力提出解決問題的辦法，更想要的是可以陪著自己一起落淚的伴。

我們都只是在大人世界裡，不得不扮演著堅強獨立角色的孩子。

比起期待著強大陽剛的超人來拯救自己，你更想要溫柔的平凡人陪在身旁理解你、用心安撫你脆弱不堪的情緒。

這個吃人的世界自顧自地羅列出一條條不容推翻的、扭

曲病態的遊戲規則，三十九歲的大人再心不甘情不願都
必須參與其中。

三十九歲的大人也許早就能神色自若地掌握大半的解決
之道，只是在蒙蔽自己向來堅持的是非黑白之前，更需
要你的同理與慰藉。

韓劇《三十九》主角是三位同樣三十九的大齡女子，她
們的煩惱跟你我一樣真實，並沒有太多天降神蹟，或是
萬中選一的真愛發生在她們身邊。

她們在十幾歲時相遇，心靈的空洞靠著彼此的情誼填
補，不曾眼紅對方的成就總是衷心給出祝福，開心的程
度遠勝自己的功成名就。在朋友風光之際，更難過他經
歷了旁人難以想像的苦痛與努力，心疼他獨自面對了多
少猝不及防的厄運來襲。

三個人聚在一起的時候就沒有形象，盡情輪流取笑對方
的糗事，她們的應援總是真心，比起自己的幸福更急迫
於對方的愛情何時成真。

妳一定也經歷過這樣的場景，在聽妳說了哪個男生還不
錯的時候，平常忙碌的姐妹取消其他行程，準時聚集偷
偷對他評頭論足。

姐妹之間的盲目相挺在她們的對話中同樣表露無遺，劇

情安排了一個年下男是中餐館的老闆，她們假裝前往用餐其實是來一探究竟。

在姐弟戀已經成不了話題的現在，需要克服的往往只有當事人的遲疑。

其他兩人就是會說出「相差十歲之內都算平輩啊～這根本不算姐弟戀。」這樣荒謬不合邏輯的話，企圖抹去自己朋友的心魔。

就算在我眼中他根本配不上妳，但因為是妳的選擇、是妳全心戀上的人，我願意試著從妳的眼光看懂這個人的好。

到了三十九歲，愛情雖然還不到可有可無，如果想要參與我的人生當然很歡迎，只是我的人生還有很多別的重要大事必須執行，我們可以作伴同行在漫漫長路上，但我不會犧牲自己的人生去成就你的一生。

到了三十九歲，愛情並不是已經不再偉大，而是我們更認清現實有多殘酷，不再苦苦哀求白馬王子的到來。

當然如果上輩子救了全宇宙的我，這輩子能得到夠良善的完美情人當回報也很不錯。

三十九歲的愛情最好不要太過費心，謝謝你願意來參與我的人生，最好一起用心經營別讓我們的故事成為事故，讓我們的相處舒服到成為對方最想回到的歸去。讓

我不枉費了一直以來的等待，可以放心安心的終點居然就是你。

三十九歲的愛情要的很簡單，你煩惱的那些不簡單，女人可以自己辦得到，她想要從你身上得到的除了愛情，還希望你先把自己照顧好，不讓她擔太多心這樣就夠好了。

以前幻想過的愛情在體驗過後，我們早就已經明白了最初的心動固然重要，只是如果最終只剩下心痛，過好自己一個人的日子也是很好的決定。

● ● ●

三十九歲的愛情，我們早已明白自己就是白馬王子，只有你最懂得如何寵愛自己也最包容自己。

● ● ●

不管是三十九、四十九、五十九、甚至六十九，你永遠是自己人生的主角，人生要怎麼過或不要怎麼過，都是你說了算。

那些旁人硬要來指手劃腳的關心，微笑聽過即可，不要讓它干涉自己的決定，明白了這些的我們，肯定更值得幸福起來。

先把自己愛夠

忍耐與退讓肯定是愛情的必修學分，可是拉出兩人之間的底線也是保護自己該做到的堅持。

愛情裡充斥著太多流傳已久的鬼故事，每個人都是邊愛著邊害怕著。

你肯定也聽說過這樣的警告，一個人獨自走在夜路裡，就算後頭有人喊你也不要回頭，回了頭肩上的火會滅，火滅了陽氣就保護不了你。

就像是單身了這麼久，一旦遇見了感覺對了的人，也不能輕易讓自己愛上，奮不顧身的愛情會要了你的小命。

但你管不了這麼多，沉寂許久的心、早就不再為誰悸動的心，居然在見到他的那一瞬間毫無章法胡亂跳動著，

這肯定是命中注定吧～

在愛情裡，你總是過分天真，毫不保留完全相信著對方。**你做什麼事都很投入包括戀愛也是，你全神貫注每一場愛情，也在每一次結束後認命地回收遍體鱗傷的自己。**你就這樣勇敢的愛了一回又一回，經歷過有太膽小的他，有無法專一的他，還有為了自尊捨棄愛情的他。

年少時總搞不懂愛情裡的徒勞，直到自己成為那些心碎。

幡然醒悟會是在一次次的傷痛後才來到，原來這個世界上的事情都沒那麼簡單，尤其是愛情。

有時候是你愛他，他不愛你，然後愛你的，你又完全不在意。

更讓人不解的是，就算發生了你愛他、他也愛你這樣難得的奇蹟，耗盡了青春之後的付出，卻依然留不住一段愛情。

你到了有點大的年紀之後才知道，相處比相愛來得重要。

再多的相愛都抵不過相處不來的消磨，而經得起相處更不是為了留住愛情萬般相忍、委曲求全。忍耐與退讓肯定是愛情的必修學分，可是拉出兩人之間的底線也是保護自己該做到的堅持。

● ● ●

光是你一個人在愛情裡學得這麼
好，也拿不到全世界最好的愛情。
光靠一個人的努力保證不了一段夠
好的愛情，是愛情最讓人無力的地
方。
兩個人願意一起不遺餘力，才是一
段夠好的愛情最堅定的把握。

● ● ●

是造就幸福還是親手摧毀，在愛情裡的兩個人各佔一半
的戰力。
**一段愛情最無奈的消逝，往往是一方的用心良苦，毀在
另一個人的置身事外。**
你常自嘲自己是歷經滄桑一美人，用力揚起的嘴角淒涼
地掛上了孤單的重量。只是想要一分簡單愛情的你，在
不知不覺中有了一個又一個的前任。

**愛情從來不是一場合理的交易，一個人努力不來兩個人
的幸福，一個人卻可以輕易葬送兩個人的未來。**

　　　　　　　所幸世界沒有虧待你的良善

就算愛情總是這樣讓人灰心喪志，你還是管不住自己的心，總是輕易地對人動心。

也許你只是太單純，單純地想對一個人好，單純擔心著另一個人。

只是你現在想要的愛情已經跟以前大不相同，你再也不會愚蠢地為了愛一個人敢於跟全世界為敵。

如果全世界都說他不夠好，你也懂了先緩一緩腳步搞清楚，是全世界誤會了他還是你把他誤會得太好。

你愛人的方式還是很單純，還是肯好好的跟對方相處，只是你不確定自己還剩下多少愛人的力氣。

在大人的世界裡顧全自己成了最重要的大事，你愛得更加小心翼翼了，也許這樣的你在別人眼中有點冷漠，總是刻意跟他人保持距離。

以前不甘寂寞的你如今樂於獨處，非常享受一個人的時間，懶得花時間交際只想跟值得浪費力氣的人相處。

在任何的人際關係裡，你再也不會為了成就對方，犧牲奉獻到肝腦塗地，你已經明白會這樣需索的人要的只是你的付出，不會真心感激或懂得珍惜。

你的無怨無悔，他要得順理成章，不是一段對等關係該有的心態。

關於愛情或其他都無須再強求，你想要的是最不費力的相處，是不必刻意抹去原來的自己才能留住的一段關係。

你坦然展現最真的自己，他會看懂你的最可愛，百般挑剔或要求改變的都不是真的愛你，你不會再為了不夠真心的人無止盡地退讓。

● ● ●

你的人生要把成就自己的快樂擺到第一順位，愛人的能力來自於你多愛自己，你總要先把自己愛夠，才能再有力氣去趕赴下一場愛情。

● ● ●

　　　　　　　　所幸世界沒有虧待你的良善

幡然醒悟會是在一次次的傷痛後才來到，
原來這個世界上的事情都沒那麼簡單，尤其是愛情。

配得上你的愛情

狠狠地學會才能記得更加清楚，幸福不光是依靠誰憑空送上門來的幸運，幸福最能夠依靠的是自己，只有你最明白自己想要怎樣的對待。

●　　　●●　　●●　　　●

他來到你的人生，霸道介入你的生活，粗聲粗氣讓你別再逞強可以放心依賴，你的獨立驟然失能，退化成了非得攀附著他生活的女人。

開心幸福了好一陣子之後，蹦的一聲他突然消失了，消失的無影無蹤，更像是這個人從來沒有存在過這個世界。

他來了又走了，沒有留下任何的解釋。

他來了又走了，只留給你停不了的淚。

來的時候沒有經過你的允許，連離開都這麼傷人。

所幸世界沒有虧待你的良善

有些男人是這樣的，很多時候他們連自己都搞不懂自己，動情之初他無從解釋，也無力釐清情感的消逝，他整理不好自己。

他們搞不懂自己要什麼、搞不懂自己不要什麼。

他們不知道怎麼跟你說，只好選擇了避不見面。

我不能武斷的說他不會再出現，也無法強制要求你停止等待他。

因為人心是肉做的、感情無法瞬間抽空。所以，傷心難過、頹靡不振都是被允許的。

現在的你正處於我在《愛情這種病》裡提過的「傷停時間」。「傷停時間」這個原本是足球賽裡的專有名詞，被我自行解讀成：

「我受傷了，我需要停下腳步來，給自己一段時間好好的休養。」

現在的你就處於「傷停時間」非常很脆弱，因為你受傷了。

在這段任性的時間，你大可不相信愛情，視真愛如糞土。

「傷停時間」可長可短，取之在你。

但，你要記得它只是一段短暫的時間，放到長遠的人生來看，只是其中的過渡。

● ● ●

人生還很長，你可以選擇繼續去哀
悼自己的失去。
人生也很短，你也該慶幸他的消失
讓你提早認清。

● ● ●

失戀傷痛延續的時間以及難受的程度因人而異，因為一
段感情的結束每個人失落的原因也各不相同。

有些人的傷心是因為少了被寵愛的感覺，再也沒有那個
可以讓你毫不遲疑一把抱住說出愛意，所有委屈傷心快
樂開心只想跟他說的對象。

有些人因為無法再付出感情、盡力照顧對方，自己的心
空了一大塊。那些以為兩個人一起可能的未來，如今都
變得不可能。

**其實有些事情你也不是感覺不到，只是不想讓自己太快
知道。**他手心失去了寵你的溫度，他接起別人電話時嘴
角揚起的幅度。感情的消逝往往都有隱晦的徵兆，你也
不是沒注意到，只是事情的一開始，會以為只是自己想
太多。

還收不回感情的這段時間，總以為還有機會重新開始。
等待這件事之所以死不了心，是因為你覺得如果現在放

棄了，那之前的那些日子都是浪費了。

但你忘了，在不太遠的以後，你的人生還有大把的時間要等著耗費在真正值得的人身上。

分手是為就要來到的人先讓好路，他才能筆直來到你身邊不再蹉跎。

之前的那些心痛就算是學會看清感情的垃圾該怎樣分類，是該完全丟棄還是尚可，如何隨手做好環保、資源回收再利用。

傷心沒有白費，終究還是讓你上了疼痛的一堂課。

狠狠地學會才能記得更加清楚，幸福不光是依靠誰憑空送上門來的幸運，幸福最能夠依靠的是自己，只有你最明白自己想要怎樣的對待。

可以對那些難以成眠的傷心、滾燙的淚水視而不見的人，不可能給出你想要的幸福。

錯認了愛情不是你的錯，是他不懂得你到底有多好。

一個人的日子也許會寂寞，但遠比困在不幸的關係中來得自在許多。你還是可以期待明天期待下一場戀愛，只是你也要懂得在愛情裡可以依賴但不要完全依靠，可以被寵愛但不能被寵壞。

把自己的日子過好，你的底氣自然會帶來一段夠好、夠配得上你的愛情。

把不該在乎的人
請出自己的人生

那個曾經總是對人推心置腹的孩子，現在更擅長看破
深藏的居心叵測，這是歲月讓你不得不學會的事。

有些惡意並非張牙舞爪撲天蓋地而來，更多時候會是像
雙溫暖的手透著光，吸引我們自願收下。那些壞人長得
跟我們沒有兩樣，不是來自外星，肯定額頭上也沒刻著
明顯的生人勿近警告標語。
難以預防這樣的惡意，是因為平常的他們也許是個對我
們還算良善的人。

我們來看看從以下的這個故事裡，你看懂了多少人性。

所幸世界沒有虧待你的良善

眼看漫長的暑假即將來到，石頭跟幾個朋友打算一起找個可以賺取學雜費的工作，這群大學生雖然懂事終究還是愛玩，並不情願全部假期就這樣泡湯。

他們的如意算盤是找到可以日領的零工，一旦錢賺夠了就盡情玩個幾天，享受剩下的假期再乖乖的開學。

這群大男孩擬定計畫後，沒過多久就看到了建築工地徵求臨時工的廣告。於是，大夥兒一腔熱血來到工地，找上工頭表明意圖。

明眼人一看就知道一臉稚氣未脫的他們做不久，工頭一開始嫌麻煩不願意聘用他們，後來是他們苦苦哀求才勉強答應。

工頭是個嚴謹拘謹的中年人，面無表情帶著他們四處介紹工作環境，不忘叮嚀著一些細節：像是安全帽一定要戴，工作背心在工地時不可以離身等等安全須知。這些條例每一個從他嘴中說出來都像是無法通融，當然語氣中也沒有半點溫度。

交代好他們一天的工作內容後，工頭就匆匆離開，靜靜待在一旁觀察他們的年輕人立刻隨手丟了冰涼飲料給每個人。

「這種天氣誰能戴得住這安全帽啊，自己多小心就好了。」

在陌生的環境裡，才經歷過工頭的臭臉，突然有這麼親
切的招呼，他們一聽猛跟著點頭。這個大哥哥把安全帽
戴得歪歪斜斜看起來很帥氣，就像是來拍攝提神飲料的
廣告。他接著又說：

「這種靠勞力的工作要懂得一些借力使力的方法，不然
這麼重的水泥搬上一整天，誰受得了。」

這群工地菜鳥聽他這樣一說，恍然大悟。

「你們看好啊～」

話一說完，他把拖車上的水泥扛起，接著重重摔到水泥
集中地。

「可是，剛剛工頭大哥有說要輕輕放好，不能用摔的
耶～」

這群大男孩中有人忍不住這樣說。

他一臉不屑地回答：「說是這樣說，但身體是我們自己
的，當然是保護好自己比較重要啊～那樣太費力了，你
們會累壞的，只要別讓他看見就好了。」

工地菜鳥們似懂非懂的點了點頭，大哥哥接著招呼起他
們每個人輪流試試。果真，這樣的搬運方式比較不吃力
耶～

大男孩們相當感激這位大哥哥傳授的訣竅，就開始賣力
工作。

一整個上午這群大男孩認命搬運著一袋又一袋的水泥，烈日當中這工作比他們想像的還要辛苦。

好不容易來到了中午放飯時間，大哥哥早就體貼的幫他們打理好午餐，一人乖乖繳出兩百元，他說這是包括一整天飲料的費用，勞動過後的便當吃起來特別美味。

好不容易迎來短暫午休時間，一群人也顧不得髒直接躺平在地板上呼呼大睡。

昏昏沉沉之際，石頭邊胡思亂想著，不知道自己可以撐上幾天。

稍微休息過後，下午的工作內容依舊是穿梭在工地間用推車搬運水泥。雖然枯燥簡單，他們卻因為對推車不熟悉，操作起來難免精神緊繃。

這時候，突然從鷹架高處掉下一支把手，要不是工頭即時發現把人推開，差點就要砸中他們其中一個人的腦袋。

工頭轉身看著這群菜鳥怒不可遏，一個個不是沒戴安全帽，不然就是戴得歪歪斜斜。

「不是叫你們要把安全帽戴好了嗎？！工地是很危險的！不是讓你們玩耍的地方！」

看著嚇到一臉慘白的他們，工頭有點不忍心，口氣放緩後又接著說：

「你們要是受傷了，我要怎麼跟你們家人交代？！」

他鐵青著一張臉，一一幫他們把安全帽調整好。

「沒事了，繼續工作吧～」

他們乖乖被罵著不敢回話，卻也明白了工頭的嚴厲是為了確保大家的安全。

工頭跟著驗收他們上半天的工作成果，來到水泥袋集中處免不了又挨了一頓罵，只是口氣已經緩和了許多。

「這樣摔水泥袋會浪費很多原料，這是要扣錢的。不要聽別人亂教一些有的沒的，我知道很重，但還是要輕輕疊上來。明白了嗎？」

這一次的訓話他們都乖乖地點了點頭，心服口服。

到了傍晚終於收工，大家早就累到說不出話來，跟工頭報到領完當天工資後，一群人到麵店吃晚餐卻一點胃口也沒有。

每個人看著手上一千二的工資，沒有人有把握明天有辦法繼續上工。

這時候有人發問了。

「你們說，我們要不要去找那個大哥哥討回便當飲料錢啊？」

原來剛剛領工資的時候他們才從工頭口中知道，工地裡的飲料便當都是免費的，但他們卻每個人傻傻給了兩百，全被看似親切的大哥哥給騙了。

所有人看向他沒有人接話，過了一會兒，只聽見石頭很沮喪小小聲的說：

「我剛剛去工頭辦公室，想跟他說我們明天可能不會來上工，在公佈欄上看到這個。」

他把手機裡的照片放大給大家看，只看見公布欄上明明白白寫著，日領工資每人兩千，包含保險、便當飲料，以及其他相關損失一律公司吸收。

也就是說工頭假借亂摔水泥要扣錢，只給了他們一人一千二的工資，其他的通通進了工頭自己的口袋。

原本就沒胃口的他們，這下連水都不想喝了。

夏目漱石在他知名著作《心》裡，有一段話把人心變壞的瞬間描述得相當精闢：「那些平日看起來善良的人，至少也都是普通人。不過一旦碰到緊要關頭時，誰都會變成壞人這才是最可怕的」

所謂的緊要關頭正是跟自己利益相關之際，人心受到動搖的那個底線。

那些平常往來時看似良善的人，總不忘給予溫暖、不吝於適時伸出援手，我們當然會認定他是個好人，這也是後來的醜事發生時，讓人難以接受的原因。

他背叛向來良善的本性，只為貪得一些蠅頭小利。

他不顧一切只因情慾致命的吸引，親手撕裂交情。

他的自尊與利益遠比你們之間的情感，來得要緊。

一段好好的關係就此決絕還賠上你的真心，你根本不明白到底是哪裡出了錯。

一開始你甚至會怪罪自己識人不清，那麼多的徵兆自己都別過頭去不願說破。

• • •

不願說破，不是因為你沒發現或太傻太天真，而是你即使看見了跡象，產生了懷疑卻依舊選擇了相信。

不光是相信了他這個人，更是相信你們這段關係的重要性，只是顯然這樣的重要性敵不過人心的利己傾向。

• • •

原來不管活到了幾歲都無法避開背叛，想到這點當然讓人萬分疲累。

人生很長，在一次次被傷害過後，還是要繼續相信人心那才是最難辦到、最難以堅持的地方。

年紀不會讓你學會堅強，那是傷害才做得到的，你受得起傷害，不想承受的是對人心再難以輕易信任。

你是不是也曾單純地相信帶著笑容接近的，必定是懷著善意跟我們往來的，直到被那笑容背後藏的刀傷了又傷，都還弄不明白到底自己做錯了什麼。

後來你又以為生命裡的壞人不可能結伴同行一起出現，直到發現他們果然不曾結伴，而是各自不懷好意地同時接近你。

你從全盤信任到草木皆兵，每天疲於奔命忙著防備別人對你出手，已經不知道該相信什麼。

到最後你連好人都認不出來了，總以為所有的接近都必當是有所意圖。

現在的你看著對方的笑臉時，等待的卻是他翻臉不認的那天。

感受到毫無保留的溫暖時，擔心的是被漫天暗箭插滿的那天。

那個曾經總是對人推心置腹的孩子，現在更擅長看破深藏的居心叵測，這是歲月讓你不得不學會的事。

你一直無法理解最親近的關係，為何換來最沉痛的背叛。

他輕易利用你的在乎，明白你對他沒有任何防備，正是因為夠相信才會輕易上當。

利用他人的信任製造傷害是最卑劣的行為，發現真相時的衝擊，足以擊垮一直以來的信任，那是最難釋懷的傷害。

被傷害當然很痛，也會讓你懷疑人際往來的必要，與其在事後一再過度檢討自己，還不如盡快與他劃清界線，把他請出自己的人生。

你無愧於心，自始自終都對得起你們之間，這樣也就夠了。

世事多沉重，有能力撐起自己的人生不隨意闖禍，這樣的你已經對得起全世界。

如果有人在費力撐起自己人生之際，還有餘力擔心你，那是他願意不是他應當，願你懂得珍惜。

年紀不會讓你學會堅強，那是傷害才做得到的，
你受得起傷害，不想承受的是對人心再難以輕易信任。

最失禮的禮貌

當你沒有苦過他人的苦，說出「辛苦了」，不是因為
同理他人的辛苦，是為了讓自己看起來是個體貼的人，
這樣的做法只會招致他人反感完全感受不到安慰。

在大人的世界裡，許多人運用著自以為的禮貌，每天對
他人做出最失禮的冒犯。

職場上很常遇到這樣的合作對象，在談定的企劃案執行
前一刻，毫無理由推翻之前所有定論。拒絕再溝通，堅
持一定要改，而且他只需要兩張嘴皮輕鬆動一動，就讓
其他人之前的努力全都白費。

這時候，他還會說出看似貼心卻沒有溫度的「辛苦
了」，瀟灑抽身只留下一團混亂讓他人收拾。

這樣一句不負責任的「辛苦了」，聽在其他人耳裡只會

所幸世界沒有虧待你的良善

更加怒火中燒。

眼前的忙亂都是你一手造成的，不是誠心感到抱歉真的不要隨口說出「辛苦了」這樣的話。

說穿了，把這句「辛苦了」說出口，只是為了讓你不那麼內疚，讓自己覺得好過。

如果真心覺得別人辛苦，就不要輕易做出會讓他人辛苦的事情。

如果真心覺得別人辛苦，那你該做的是一起想辦法，用最少的變動來達到大家都能滿意的結論。

同樣的一句話，不同的人說出口為什麼會招致不一樣的感受呢？

當你沒有苦過他人的苦，說出「辛苦了」，不是因為同理他人的辛苦，是為了讓自己看起來像是個體貼的人，希望別人認定你是個好人，這樣的做法只會招致他人反感，完全感受不到安慰。

說完不痛不癢的一句「辛苦了」，卻依然日復一日做著造成他人困擾的舉動，這是你憑著自以為的禮貌做出最失禮的行為。

在職場上翻滾多年，我們不是經不起任何突如其來的為難，需要的是不心累的溝通方式，以及合作對象多一點點的同理心。

企劃案的修改在所難免，但分明可以提前說出想法，給彼此討論的空間來做到最少的變動，而不是全盤推翻之前所有準備。更要考慮到多給彼此一點緩衝時間，不要總是放任自己拖延症大犯，在燃眉之際才提出異議。

「辛苦了」這樣一句看似溫暖的話，卻讓聽到的人相當火大，問題出在哪裡？原因自然出在說出這句話的人平時的為人。

回到故事的一開始引發爭端的主角，他曾經對一位主管怒問：「我是個溫暖善良的人，為什麼你對我如此冷漠？」

也常常抱怨一些陌生路人聽到他的禮貌問候沒有回應。

但，老是滿嘴好聽的話、很會做公關，並不代表他就是一個好人。

他擅長用禮貌溫暖的「人設」來包裝暗黑心機、行走江湖，卻因為沒有太大的耐心無法執行到底。

孔老夫子早就告誡過我們了，「巧言令色，鮮矣仁！」

總是把話說得很動聽、臉色裝得很和善，卻一點也不誠懇，這樣的人就是矯情虛偽。

在日常與他人相處時，我們不自覺依照聽到的話認定對方的為人，同樣地，小王子也跟我們說過了：

「我們應該根據一個人的行動，而不是根據他的話判斷他。」

「只有用心看才看得清楚，重要的東西是眼睛看不見的。」

也許我們都該慶幸這樣壞心眼的人，並沒有壞到底才會被一眼看穿。

他以為別人對他很有禮貌，以為自己的人設夠溫暖很受歡迎，那是他沒搞懂對人保持禮貌的距離是成熟大人都該做到的事。

正因為沒有把你當自己人，才會拉出表面禮貌的距離維持平淡的關係，君子之交本該淡如水，更別提跟小人之間就該避如鬼。

● ● ●

一個情緒穩定的大人，不太會輕易開口批評他人，甚至費力貶低別人。

他可以接受每個人有各自需要梳理的情緒與人生課題，在交手的當下不論接收到怎樣的負能量，都能理解對方的為難，不讓自己的心情跟著氾濫隨之起舞。

● ● ●

一個真正高情商的人，在對人好的時候不會斤斤計較有沒有同樣收到回報。

願意對誰用心不是因為可以得到最大的利益，而是發自內心的在意，這樣的溫暖才是真正能夠讓旁人感受到的熱度。

一再無禮冒犯別人，再用自以為的禮貌去道歉，一直以來沒人評斷你的行為，那是因為不想再跟你往來，冀望就此再不相干，並不是因為你做得沒錯，望周知。

如果真心覺得別人辛苦，
就不要輕易做出會讓他人辛苦的事情。

原來傷心就是答案

用力哭泣其實也是一種努力，你努力著並且越來越堅定要帶自己離開，你努力著用淚水洗掉停不住的悲傷。

●　　　●●　　●●　　　●

你以為自己不必再經歷這樣的事了，你幾年前就早早上了岸對著還在載浮載沉的大家喊話，有一天你們也會幸福的。

這樣的語氣說是溫馨，聽來卻也有種驕傲，驕傲自己苦情修練多年也終於靠了岸。

確定可以放心上岸的那天，你暗自鬆了一口氣。

數不清在情海裡浮浮沉沉過了多少日子，你累壞了，幾次瀕臨溺斃。

總是無邊無際地飄盪，沒有一個身影可以依靠，你連划

　　　　　　所幸世界沒有虧待你的良善

動的氣力都要耗盡，差一點，差一點點就要放棄。

他一言不發地撈起了你，濕淋淋的、狼狽的你。

一開始你覺得煩躁，這不是你要的風景，他也不會是你的救贖。

他耗了很大的力氣證明，花了很久的時間表現，你卻沒那麼容易相信，防備警戒著把他的關心推卻到千里之外。

他堅定地說自己哪裡都不會去，有你在的地方就是他的去向。

他用厚實的胸膛擋住撲向你的風雨，像遼闊的大海包容你一切的無理取鬧。

那些好聽的話語都好像幸福，於是你終於把他許諾的未來擺進了心裡，後來才發現這段愛情的一開始，就介入了謊言。

如果一開始就編進了謊言，為什麼還要白費力氣堆砌出一個地久天長？

他對你最大的傷害是讓好不容易相信自己可以幸福的你，真正地絕望。

你們曾經那麼好，好到你終於放了心全心全意地依靠，相互慰藉取暖了這麼多年，讓你曾經相信自己應該真的可以幸福了。

你以前總是在擔心害怕，對你來說，愛情稍縱即逝都是應當，壞事永遠常伴身旁。你早就習慣了自己要孤單，也練就了一身獨活的本事，是他硬要插手你的人生，毫不遲疑奪走你的獨立，讓你以為可以不必那麼堅強也會有人愛。

身在愛情裡的人都擁有一種超能力，可以察覺到這段感情的病症，卻不見得有面對的勇氣。
你一直以為自己在他的愛情裡過得很好，你也努力讓周遭的人都這樣以為。
一直到後來，你開始會默默掉淚、再也開心不起來，你才明白──
原來傷心就是答案，原來你的心已經在告訴你離開的時候到了。

你總算甘願親手戳破了他的那些謊言，心力交瘁的你也許還沒存夠轉身的力氣，卻已經不願意再停留了。
你不只是沒有辦法再相信他了，你也沒辦法相信自己，當初說他是對的人那個自己彷彿也做了錯事，滿心羞愧無顏面對你。
那個願意相信的自己簡直是罪不可赦的幫兇，錯的人分明是他，你卻跟著受苦。

　　　　　　　　所幸世界沒有虧待你的良善

你從來沒有怨過上天不公平，但那一刻你簡直想破口大罵，為什麼自己必須一再承擔心碎。

不管被傷了幾次總是相信愛情是不是太天真了，筋疲力竭的你忍不住這樣想。

難道容易相信人性就必須要一再受傷，難道願意付出真心也成了自己的原罪，你在愛情面前如此坦誠，想要的也不是多困難，怎麼就要不來一段簡單的愛情呢？

都已經是幾歲的人了，誰沒經歷過幾次天崩地裂的分手，每個大人都是在前一個晚上哭到眼睛紅腫，隔天卻裝作若無其事繼續努力的。

● ● ●

一場愛情的失敗不能斷定你這個人
成功與否，一場愛情的結束，你的
人生才正要翻開全新的可能。

● ● ●

他不是個壞人，他只是在面對選擇時捨棄了愛情，為了保全自己欺騙了你。

在你堅定地說要離開的那一天，你第一次看見他的眼淚、他的懺悔。

那一段日子你覺得自己永遠不會好起來了，黑夜那麼漫長，他摧毀了所有天明的可能。

決定離開愛情的那一陣子，你聽見什麼都會掉淚。

還有些時候，明明什麼也沒在想，眼淚就不停地湧出，你連自己在哭都不知道。

用力哭泣其實也是一種努力，你努力著並且越來越堅定要帶自己離開，你努力著用淚水洗掉停不住的悲傷。

你從來沒有做錯什麼，你只是相信愛情這哪裡有什麼錯。

就是因為總是相信著愛情，你才值得更好的對待。

不待在讓自己傷心的關係裡，是你能為自己做到最大的勇敢。

你從來沒有辜負過自己，這一路走來多少心碎的曾經都可以證明這一點，不僅僅是愛情還有人生的檢驗，這些路過的傷痛毫不留情地擊垮你、不曾心軟地打碎你，卻也拼出了全新的你。

這些歷程都是成長的一部分，從交手的這幾回合慢慢明白，一回回甘願磨去傷人銳利的鋒芒，成就了如今更加良善可愛的你。

那些受過的傷都證明了你的愛情，你不後悔走過那幾回，你也相信幸福不會僅僅是與你擦肩，總會有一天你

可以緊緊握在手中。

重新回到一個人不是迫不得已，這是你的選擇、是你的
決定，就算關於幸福你並沒有變得更有把握。
但你很清楚不管未來是一個人還是兩個人，你都會更加
疼愛自己，這個獨一無二的自己。

不 必 永 遠 是 個

溫 暖 的 人

沒心眼跟沒教養是兩回事

給人尊重，也是尊重自己的出身。你對待別人的方式
代表了你這一路上走來有過怎樣的學習，遇見過怎樣
的人，經歷過這些才慢慢拿捏出你待人處事的態度與
原則。

日常的人際往來甚至在職場，難免遇到強詞奪理、傲慢
無禮的傢伙。

一開始遇到這樣的狀況，大部分的人總是先自省自己是
不是有什麼地方做錯了，才引來這樣的不留情面的對
待。

在大多數的狀況中，你根本找不到為什麼如此被冒犯的
理由。

相處的時間一久，拉長了去看，才明白原來這樣的人總
是以不可一世的態度對待身邊所有的人。

所幸世界沒有虧待你的良善

沒有人喜歡衝突導致的尷尬，我們大多都想維持表面平和有分際的互動，一旦在人際互動中出現這樣粗魯無禮的人，很少有人願意花心思跟力氣去提點他的不是，久而久之，就養成這樣的人更加任性妄為。

姑息造就這些傢伙在不同的社會角落裡持續作威作福，目空一切。

更讓人氣結的是，**他們不認為這樣的自己有錯，他會說自己只是比較直率、不懂得掩飾情緒，「我就是個直來直往的人」是他們一貫的自我介紹。**

這種橫行霸道的人跟同事之間的互動，總是以高高在上的姿態、用命令的口氣與人對話，就算你不是他的卜屬卻還是會莫名其妙地受氣。

他不懂得尊重別人，總是頤指氣使，不在乎他人的顏面，不懂得給出適當的禮貌。別人的幫忙對他來說永遠理所應當，就算這樣的忙與公事無關他也不懂得感謝。

我見過這樣的人，永遠以自己最方便的利益角度出發，從來不關心他人的死活。**他以為自己只是個性比較直，不會矯情做作偽裝客套，卻不明白這不是坦率沒心眼，而是沒教養。**

一直以來的風平浪靜，是沒有人想要起衝突、是大家懶得跟無禮的人計較，並不是坦然接受他的低情商。

我聽說過這樣一個故事，在某一年尾牙過後的上班日，有個抽中大額現金獎的同事，一大早來上班就開心地喊著要請喝飲料。

那天晚上抽中現金獎的當然不只這一位，他只是天生個性大方樂於分享，而且相信好運要跟眾人分享自然能帶回更多的好運。

因為公司的主管們很常輪流請客，櫃臺自然也就接手了飲料的訂購這樣麻煩的事情。在開始忙碌之前，這位要請客的金主特地來到櫃臺交代了一件事：

「那個部門的人不用問，我不請。」

櫃臺聽到這樣的交代露出會心一笑，點了點頭沒有追問原因。事出必有因，若不是平常太過惹人生厭，櫃臺也不會是如此秒懂的反應。

他說的某個部門充斥低情商的人，這些人平時對待同事總是臭臉臭嘴，大家對他們都是避之唯恐不及。

明明是跨部門的合作案，卻總要低聲下氣的跟他們溝通，只要提出的企劃案需要多花點時間整備，就要在會議桌上聽他們臭著一張臉碎念這樣做很麻煩，接著就是一連串的抱怨。

只是想要把事情做好，卻還要承受他們的情緒勒索。

沒有人喜歡跟他們扯上關係，總是能避就避，這位今天要請客的人跟他們平常其實沒有過節，他自帶「不要來

所幸世界沒有虧待你的良善

惹我」的強大氣場，雖然沒受過他們部門的氣，但卻把他們的囂張言行看在眼裡，老早就看不慣他們對待其他人的過分行徑。

跟他交情比較好的同事很替他擔心：

「你不怕他們部門的人來問你啊？」

「有什麼好怕的？我還怕他們不來問呢～

就是要讓他們知道我不喜歡你們對待同事的態度，傲慢自大目中無人。老是尖酸刻薄、用言語霸凌傷害別人過後，就想用一句『我只是說話比較直』來辯解嗎？

我說話也很直啊～只要他們敢來問，就會讓他們知道我就是討厭你們這樣不顧及別人、自私自利的態度啊～

讓他們也感受一下因為別人說話太直白，聽進耳裡很難受是什麼樣的感覺。」

你說出口的話，對待別人的態度，決定了你是一個怎樣水平的人。

分明是自己沒教養，卻要別人體諒這是心直口快，真的太強人所難。

直率的人是不藏心機、不動害人的壞心眼，卻能懂得顧及他人的顏面與尊嚴。

沒教養的人是貶低他人來哄抬自己的嬌貴，慣於踐踏他人的善意與自尊，好顯得自己不同尋常。

過分的自大來自於過度的自卑，如果你的優越感都是透過糟蹋別人而得來的，那麼，這樣的勝出往往脆弱到不堪一擊。

這也更加證明了你有多害怕自己太過平凡，根本比不上別人。

給人尊重，也是尊重自己的出身。

對待別人的方式代表了你這一路上走來有過怎樣的學習，遇見過怎樣的人，經歷過這些才慢慢拿捏出，你待人處事的態度與原則。

● ● ●

一個討人喜歡的人，往往不是因為他擅長討好別人，或總是犧牲自己的感受去成就別人的快樂，而是他懂得尊重別人更知道要尊重自己。

● ● ●

你尊重別人更懂得尊重自己，跟你相處起來舒服又不費力，這樣的人怎麼會不討人喜歡呢？

人與人之間最重要的相處原則，不過就是尊重二字罷了。

你說出口的話，對待別人的態度，決定了你是一個怎樣水平的人。

有些善良是種手段

所有的人際關係都需要一段觀察期，在一開始冷淡相
待的不見得就是壞人，帶著笑臉接近的反而可能會讓
你哭到最後。

●　　　●●　　●●　　　●

進入新職場，你還在忐忑不安之時，迎接你的是個笑靨
如花的直屬前輩。她熱心的帶著你四處介紹，同事們紛
紛停下手邊的工作，展現禮貌的歡迎，友善的氛圍消除
了你部分的不安。

她聒噪的熱情來到主管面前瞬間收斂，組長看不出實際
年紀是個面無表情的女人，忙碌的她連眼皮都懶得抬，
從鼻孔發出了一個像是打招呼的聲響，這算是你們的第
一次見面。

你把組長的冷漠看進了眼裡，心頭一涼，直覺以後不會

　　　所幸世界沒有虧待你的良善

有好日子過，但幸好還有位溫暖的前輩可以依靠。

新工作的適應耗費掉你上班時多半的心力，一個多月過去，你依然天天焦頭爛額，只是前輩的溫暖熱心卻對你遇上的所有問題幫不上半點忙，更糟糕的是，她還時不時想提點你一些應該有的待人處事的態度。

「下班後的聚餐你怎麼都不參加啊～要趕快跟大家熟悉才好做事啊～」

「前輩交派工作是信任你，你乖乖接下就是啦～怎麼可以拒絕啊？」

每天聽著她這些跟自己三觀不合的言論，你心中犯起嘀咕，**原來他們的笑臉迎人只是想把你變成好使喚的自己人，只想好好做事的你，並不想費太大力氣做人。**

前輩一開始主動釋出的那些善意，都是為了日後方便推諉責任到你身上，這套路埋得好深，你這職場菜鳥差一點就上當。

好不容易熬過三個月的試用期，回想起這段期間自己犯下大大小小的錯，這天下班後累到無法邁開步伐，獨自一人坐在中庭裡發起呆來。累到組長朝你迎面走來都沒有發現。

「還好嗎？」直到她低沉的聲音鑽進你的耳朵，才發現

人已經在你身邊坐下。

這好像是你們除了工作時間的第一次對話，你起身對她致意，她示意你坐下。

「你來多久了？超過三個月了嗎？」

面對她突如其來的和善，你顯得有點手足無措，但卻不由自主地對她聊起工作上的困擾，她精準地一一突破你的盲點，三言兩語就讓你豁然開朗。

「果然是高手。」你內心浮現了這樣的讚嘆。

從那天以後，在組長眼裡你不再是個透明人，她開始直接交辦你事情，並且提點如何處理更加快速，跟著這樣的主管學習，一掃你原先在工作上的無力感，取而代之的是滿滿的成就感。

這天因為一個提案的大成功，公司提撥了一筆獎金給小組人人有賞，在這筆錢入袋之前，組長就先犒賞大家豐盛的午茶。

難得輕鬆的一個午後，有同事突然問組長。

「組長，那天聽到妳叫菜鳥的名字，我嚇了一跳耶～後來才發現，喔～因為他已經來超過三個月了呢～」

話才說完，全部的人一起大笑，只有你不明白笑點在哪裡。

看著你一臉疑惑，組長笑著解釋。

所幸世界沒有虧待你的良善

「我有一套『浪浪理論』，剛來報到的新人不需要讓我知道名字，這就像對待浪浪一樣，如果幫浪浪取了名字就會產生感情，那就必須留下來無法送養了。」

你聽得目瞪口呆，組長又接著說。

「我們這個行業流動率太高了，如果你沒撐過三個月，我實在不需要費心記住你的名字。」

聽起來無情的「浪浪理論」卻很貼近真實。

在絕大多數職場同事間耗費時間精力的交陪，都不如仔細交辦工作內容來得實在，妄想跟同事可以交心，很多時候只能交流到茶水間的八卦。

● ● ●

有來有往的相互幫助才是職場上最公平的交易。

● ● ●

很多人早早看破人情冷暖寧願獨善其身，不想跟同事有過多交集。當然也有經歷並肩奮戰換來了穩固交情，就算離開職場還能繼續交往，那才是怎樣的修行都交換不來的好運。

在大人的世界裡，我們都老練操作著一個以上的面具，隨時準備面對不同人、在不同場合時交替上場。

任誰都會從自己最有利益的出發點考慮所有狀況，腹不腹黑的差別只在於，有沒有必要做到犧牲別人這麼絕對的自私罷了。

職場上殘酷的競爭最考驗人性，就算在面對生死存亡之際，我們都還是有選擇的。可以選擇堅持自己的底線，不靠打壓別人哄抬自己。

寧願憑實力肉搏艱辛一戰，也不要卑劣地斷絕別人的機會來達到自己的成就。

不是你的，硬要搶來也不會長久。

總要被落井下石了太多次，才能真正學會防人之心不可無，那在一開始表現善意的人，往往要經過時間的篩揀才能看出真正的用心。

所有的人際關係都需要一段觀察期，在一開始冷淡相待的不見得就是壞人，帶著笑臉接近的反而可能會讓你哭到最後。

更有些人把表現良善當作一種手段，讓你在一開始認識他時可以卸下心防，對他推心置腹，心中的盤算卻是想著之後如何善加利用，把你好好占盡便宜。

我們都喜歡被人喜歡、被人稱讚，但過度沉溺於維持好人的形象，不僅會為了討人喜歡疲於奔命，更可能會討

所幸世界沒有虧待你的良善

厭那最終不像樣又陌生的自己。

不是發自內心的善良是沒有辦法假扮太久的，更可能在日子久了，太過放心導致鬆懈而露出了真面目。

真相大白遠比一開始就擺明難搞更加難堪，人們對於好人變壞的容忍度很低，更加容易大驚小怪，反倒是原本就擺明不好相處的人，難得和顏悅色了更容易被人喜歡。

● ● ●

在職場上最好的生存法則，是一開始就不要讓任何人產生期待。

● ● ●

辦公室裡那些低調安靜的人不只是不想惹事生非，更大的可能是，他生活重點不在職場，因為不在乎所以不涉入逞兇鬥狠，勾心算計。

他清楚知道工作上的成就與紛爭都應該跟真正的人生劃清界線，追求人生的滿足才是最該認真計較的一切。

自以為的善意會傷人

太多看似「為你好」的決定，
往往摻雜了更多不想當壞人的私心。
那些自以為的兩全其美，
往往只保全了自己的完美人設。

● ● ● ● ● ●

就算是個好人，釋出自以為的善意也會傷害到人。
大熊三個月前到新公司報到時還胸懷壯志，心想憑藉自
己過往豐富的工作經驗，必然可以在新職上有一番作
為。沒料到的是，遇上了直屬主管百般刁難，連最尋常
的文書處理都被挑出不大不小的毛病，工作能力更是被
評比到一文不值。

這一天才剛打卡上班不到一小時，就被 HR 通知調了部
門，這下豈止懷疑人生，他還懷疑起自己是不是果真如
此無能。

所幸世界沒有虧待你的良善

午休時間他根本沒有食慾，沮喪地面對會議室裡乾淨明亮的落地窗發呆，連有人接近都沒發現，直到有人輕輕拍了他肩膀。

「怎麼了？有心事啊？」

來的人正是他新調派的部門大主管 Sandy，帶著溫暖的微笑看向他，他勉強擠出了一個笑容卻比哭還要難看。

這個公司說來也不大，新員工被調動部門這樣的事，Sandy 自然也是明白其中原委的，她歪著頭看向高人一等的大熊。

「是擔心調來我部門的適應問題嗎？放心，Sandy 姐不會虐待你的。」

話一說完自己爽朗地大笑，她這一笑讓氣氛頓時輕鬆了不少，大熊也卸下心防坦白自己的疑慮，聽完他的心事，Sandy 會心一笑。

「你終究還是太嫩了，年輕人。」

大熊不解的看向她。

「我不會輕易接受能力不夠的人到我的部門，你放心好了。」

調動部門後，大熊為了洗刷污名更加賣力表現，少了直屬長官的為難，他大鳴大放交出了讓高層都滿意的成績。兩年過去終於在公司站穩了腳步，表現出色的他也順利

晉升到小主管職務。

在又一次成功拿下了足以左右公司年度業績案子的慶功宴上，一陣酒酣耳熱後，他帶著幾分醉意向 Sandy 敬酒，感謝她當年的收留之恩，畢竟這個決定給了他翻盤的機會。

Sandy 看著微醺的他一貫開朗大度的說：「**機會是你自己給的，你最該感謝的人是當初沒有放棄的自己。**」

酒精催化了情緒，加上這陣子為了搞定案子真的是累壞了，大熊感慨萬千落下了男兒淚。

Sandy 把他帶到安靜的角落，等他平復下來意味深長地問：

「想聽聽一個故事嗎？現在的你心智夠強大了，是時候該看懂全局了。」

大熊看向她安靜的等待著。

「你還記得剛進公司時的自己嗎？那個不平則鳴、總是會據理力爭的你。」

大熊安靜的點了點頭。

「每個主管對下屬的要求各有不同，對你當時的主管來說，他不需要一直總是唱反調的人才，他要的是可以完整執行自己意向的人。你的積極挑錯，只會讓他覺得你不夠乖巧聽話。」

Sandy 喝了一口紅酒又繼續說。

「當時的你覺得很挫折吧？怎麼努力好像都無力改善，所有的盡力都是白費力氣。**職場這江湖的是非標準只有你的主管說了算，只要能順他的心如他的意，不製造問題惹麻煩，對他來說，你就是個夠好的部屬。**

你當時的主管去跟老闆吵了好幾次，嚷嚷著要開除你，幸好老闆沒有只聽他單方面的說詞，想再給你一些時間，所以就讓 HR 幫你調了部門。」

原來如此，大熊回想起當時的絕望，不但懷疑自己的能力，甚至一度動了離職的念頭。

老闆以為是為了他好，讓他保住了工作卻沒有保護他的尊嚴，他更需要的是尊重，是明白告訴他來龍去脈，再讓他放心轉調部門。

●　●　●

那些以為自己沒有惡意的好人，甚至會覺得自己做出了對你最好的決定，卻不明白有些看似善良的決定會傷人。以為自己保護了你，卻沒想到正是因為他的決定讓你受到傷害。

●　●　●

並不是每個人都覺得只要有工作、每個月固定有薪水進帳就夠好了，有些人更需要從工作中得到成就感，來平衡辛苦與努力積累的壓力。

只能說當時大熊老闆的處理方式太過粗糙暴力，少了直接詢問他意願的流程，才讓他始終耿耿於懷。

太多看似「為你好」的決定，往往摻雜了更多不想當壞人的私心。

那些自以為的兩全其美，往往只保全了自己的完美人設。

相較於大熊的若有所思，Sandy 一派輕鬆又接著說：

「如果硬要說當時的你哪裡有錯，那就是不懂得察言觀色吧～在職場上當然並不是一定要學會討好才能夠生存，畢竟你當時初來乍到面對新環境新的上司，說什麼都應該先給彼此一段觀察磨合期。

如果真的怎麼嘗試都不對盤，不見得要討好他，而是要找出可以和平共處的辦法。

面對不合理的要求不必全盤接受，但要婉轉表達拒絕，不要正面衝突讓他難堪。

你讓他難堪，他就會讓你接下來的日子難過，只想刁難你的他固然有錯，事事頂撞、不顧慮他顏面的應對，也並不是合格的做法。」

在這麼多年後，大熊才在這一夜真正學到了職場生存之道。

我們無法輕易改變別人，只能調整自己的心態，當全世界都來為難你，你最不該跟著一起糟蹋自己、懷疑自己，只有你最應該要堅定的知道自己可以辦得到。

● ● ●

那些讓你跌落谷底懷疑自己的壞事，不盡然是來摧毀你的。
同時也為你帶來一個轉機，讓你明白這該明快收拾的殘局終究不是自己的歸屬。

● ● ●

轉身給自己一個新的開始不代表認輸，那是華麗的落幕、那是負責的決定。

壞事發生不要光顧著傷心或埋怨，給自己一段時間等待烏雲散去，溫暖的陽光總會耐心等在陰雨過後就要來到。

大熊帶著醉意又繼續感性地說：

「但無論如何，我還是很感謝妳當時對我說了那句話，帶給我滿滿的力量，相信自己一定可以辦到，可以讓大家對我這個麻煩的新人改觀。」

「哪一句話？」

Sandy疑惑地打斷還要滔滔不絕的他。

「你那時候對我說『我不會輕易接受能力不夠的人到我的部門，你放心好了。』」

她一聽，臉上帶著詭異的表情笑了。

「我那時候也是在賭啊～你還以為我當真有看到你的能力嗎？」

壞事發生不要光顧著傷心或埋怨，
給自己一段時間等待烏雲散去，
溫暖的陽光總會耐心等在陰雨過後就要來到。

勇於吃虧收穫更多

不要吝於讚美他人卓越的能力，承認他的優秀不代表
你被貶低甚至會被取代。拋開這些無畏的被迫害妄想，
你這一路走來努力積累的出色，沒那麼輕易被淘汰的。

· · ·· ·· ·

即將空降的大主管，江湖上謠傳她人很好，但你還是不
免擔心能不能相處得來。

她在前兩年被挖角到香港工作，最近聽說想回來，才一
放出風聲，公司高層立刻跟她取得聯繫談定回歸條件。

一天之內就說好她將在六月到職，管理你們部門。

才被告知不到兩天，立刻有早先離職的同事託人帶話給
你，如果部門有缺人務必通知他，這主管人太好了，很
想再有機會跟她共事。

所幸世界沒有虧待你的良善

眼看剩下三個星期就要開始合作，你的工作進度必須事先推進，只好勉為其難在她報到前越洋取得聯絡。

她不但沒有發怒，還指點了你幾個解決之道，所有後續進程安排都以你方便為主。她聲音聽起來爽朗，講話不拖泥帶水，更重要的是，她真的就像傳說中那麼好，一點也不為難你。

「聽起來不是很棒嗎？，你為什麼愁眉苦臉的？」

我不能理解地看著眼前這個不開心的男人。

他苦著臉解釋：

「就是因為她人太好了，處理起事情來反而綁手綁腳的。」

我不懂他的明白。

「她沒有擺高姿態也不堅持自己的工作習慣，凡事都先以我的方便為主，這麼體諒人的主管會讓我一直想，她人這麼好，不能讓她吃虧呀～」

所以呢？

「所以我就拼命想幫她完成交接細節，她都還沒到職我卻累壞了。」

面都還沒見著，就已經把人心給收買了，如此的職場高手還真是罕見。

觸動他人的不忍心是另類的自保方案，這是聰明人的作法，卻也只有高情商的人才辦得到。

資深的老江湖常犯一個錯誤，是先入為主認定年輕人辦事不牢，必須隨時監控，深怕一個不小心就壞了自己名聲。

真正有經驗的人可以透過簡單的對談，摸清對方的能力底限，明白自己該交出多少信任，就算一時半刻還不能夠決定要放手到什麼程度，但會先釋出機會讓對方去嘗試摸索解決之道。

這樣的好處不光是搞懂對方是不是個值得相信的下屬，也會讓年輕人更快學到並且吸收經驗。

在日劇《天皇的御廚》裡的大廚從來不親自教授料理之道，他每天只要求廚房裡的助手做好仔細洗鍋、刷洗碗碟、磨利菜刀這些基本的功夫。

後來有個不受教的冒失鬼終於受不了了，當面質問他為什麼都不教導大家，他不想再繼續白白浪費時間，在大廚的廚房裡根本什麼都學不到。

大廚眼皮都沒有抬一下很淡定的說出了這段話：

「不是我不教你，是因為你學不會。比起別人親切的教導，人總是比較珍惜自己拚了命偷學來的東西。」

所幸世界沒有虧待你的良善

● ● ●

他人再親切仔細地傳授都不如你自
己去闖、或因為渴望弄懂拚命找機
會去學，不管是到處碰壁撞得頭破
血流的過程，或從每一次的失敗中
弄懂的來龍去脈，這些挫折的累積
才能讓你真正記得與學到。

● ● ●

聰明的人與他人往來時會懂得先退一步讓利，不堅持立
於不敗之地，不會凡事只爭取對自己有利。

這樣以他人的好處為優先，看似讓自己處於頹勢，卻是
職場心機的一步好棋。

就像前面提到的那個尚未到職的女主管，就運用了這一
點小心機把人心給收買了。

**「讓利」換個角度來說其實就是願意吃虧，在人際之間
的往來敢於吃虧不是一件壞事，尤其是身在一定高度的
人都應該勇於吃虧。**

一時的退讓根本無傷大雅，爭取蠅頭小利更不是到達一
定高度的人該有的醜態。

你太明白這些利益都跟身處的位置有關，這些奉承阿諛

看上的是你名片列印的頭銜、是你背後穩穩的靠山，是因為你攀上了如今的高度才會來到的逢迎拍馬。

一個好的主管會願意讓下屬共享這些唾手可得的一切，不貪婪獨占，敢分享能收穫更多的人心，那是拚盡全力勾心鬥角的人怎麼都拿不到手的武器。

盡想著打壓下屬，甚至占人便宜的嘴臉既猙獰又噁心，那毫不遮掩的張揚總以為別人看不出來。

這樣的利慾薰心是把其他人都當成了傻瓜，以為這樣的壞心眼不會被察覺。其實，我們每個人都在江湖上打滾許久，經歷了多少次交手，怎麼可能看不懂如此粗糙的手段。

這些粗鄙在當下往往被看進了心裡卻不會當場說破，只等著哪一天東窗事發時要來趁機落井下石。

願意吃點虧稍微退讓的主管，自然不會凡事斤斤計較，這樣的態度也讓下屬比較好辦事。下屬的優秀表現會讓你比較輕鬆，不必事事扛責任、幫忙收拾殘局，何樂而不為呢？

總以為稍作退讓的自己有多委屈，那是你還少了點道行需要多點修行。

願意吃虧的人正因為底氣夠足，行事自然顯得從容，待人會更寬厚。

　　　　　　　　所幸世界沒有虧待你的良善

早已經不再是那毛毛躁躁急於求得認同的年紀，自然更不需要為了得到他人的肯定，忙到昏天暗地力求表現。你可以坦然接受自己也有些不足，不羞恥於開口求救，借力使力完成任務。

更不要吝於讚美他人卓越的能力，承認他的優秀不代表你被貶低甚至會被取代。拋開這些無畏的被迫害妄想，你這一路走來努力積累的出色，沒那麼輕易被淘汰的。從願意吃點虧，稍作退讓出發，居然可以得到和諧的人際關係，貼心優異的下屬，以及完美的工作表現，這真是太划算的交易了。

別妄想在職場交朋友

希望能交到朋友那是大人世界的美好童話，總是疏遠
到只能當同事是殘酷真心話，妄想在職場人人都能真
誠相待根本就是天大笑話。

⬤　　　◉◉　　◉◉　　　⬤

每個人都不是只有一種樣子，在職場的你不怕麻煩，總
是主動接手爛差事，大小事同事都習慣找你。一回到家
卻累到半癱，動都不想動，霸氣全開指使家人。
那個對待朋友最體貼周全、處處退讓的，在伴侶面前更
可能會蠻不講理只想耍賴。
或許我們都是這樣的，豈止是雙面、通通是多面人。
每個人每一天要應對的人際關係有許多層面，在不同的
親疏遠近之間，你熟練切換著不一樣的姿態從容得宜。
這是每個大人都必須練就的本領，有些壓抑得特別嚴重

　　　　　所幸世界沒有虧待你的良善

的人會被冠上偽善者的封號。說你偽善的人，除了不夠明白你，往往也是因為他渴望貼近你，卻總是被客氣疏遠地對待。

在同事面前的沉默話不多，是因為這樣的對象讓你沒動力分享真正的情緒。

總是和善退讓不積極爭取什麼，是這些紛擾不值得你情緒波動，自然不想白費力氣。

說得更明白一點，**他們是生是死，對你評價如何，你都不會為此感到難過受傷。**

對你來說，跟同事之間無需建立交情，僅僅路過彼此人生這一回，多年後各自相忘於江湖。

別妄想在職場交朋友，這裡是大家拿出時間來換取金錢，各懷鬼胎拚博升遷的血腥戰場。

浪費情感與時間交換友情，對許多精打細算的人來說並不是一場划算的交易。

更別說，就算在職場上交到了朋友，這些所謂的朋友更有可能因為太過瞭解你，暗地裡對你捅上一刀或三不五時讓你揹上黑鍋。

在江湖上打滾了這麼些年，我們也早就都明白要不是真有點本事，別人還懶得特地動手往你背上捅上一刀，那

需要佈局還得花上點心機，是很費力、很累人的舉動。
你以為積極進取認真做事是本分，卻每天眼看著周圍的
人個個把推卸工作當作日常，逃避責任是他們最拿手的
本領，你原本想像的功成名就並不是這個樣子的。

你一開始當然也弄不懂，分明自己把每件事都做對了，
為什麼卻招來其他同事的討厭。其實，你把所有事都做
好、做對，正是他們討厭你的原因。

在職場上，一旦發現各種針對你荒謬的流言、背後的暗
箭，各種防不勝防的小動作、陰險的大絕招都出手了，
一開始也許你還不想理會，依舊獨善其身。

**日子一久，造謠編派得越見離奇、出招越來越頻繁，在
在表示你真的是太過優秀了，優秀到讓他們非常害怕。**
當你揹多了黑鍋，看多了臉色，就會明白職場上扭曲醜
惡的生存守則。

來到一個新的環境，誤以為需要大展身手來表示自己夠
有本事，那是你過於天真。蕭規曹隨是有道理的，你看
不慣陋習想盡辦法要改，你以為把工作效率提高會被感
激，這都是你的想像、你的以為。

被讚譽為人生必看神劇的韓國影集《我的出走日記》裡
有個神秘的具先生，他拋下奢華的過往躲到首爾近郊的

所幸世界沒有虧待你的良善

偏遠城市，刻意切割從前的自己選擇勞動肉體的工作，忙碌一整天後總是喝著燒酒渾渾噩噩度日。

鄰居中一個厭世的、莫名崇拜具先生的上班族，某天看見具先生家中有個房間擺滿了空的燒酒瓶，在光線照射下，居然散發出一整片刺眼的神聖綠光。

於是，他自作主張找來死黨，兩個大男人居然動手清理起那些空酒瓶，他以為還給具先生一個乾淨的房間會讓他開心，沒想到卻惹來具先生勃然大怒。

「有人要幫忙收拾你拉的屎，你會開心嗎？」

具先生朝著他們大吼，毫不客氣趕走兩人。

具先生難道不知道那些酒瓶該清理，必須回收嗎？他不動手自然有他的理由。

他不需要你特意挑明眼前的困境，更不想要有人指出他的失敗，你自以為的善意都是打擾、是挑釁、是諷刺。

具先生的反應自然是惱羞成怒，職場上一成不變的狀況又何嘗不是如此？

那些你看不慣的職場陳規，是他們相安無事的盾牌，動不得也動不了。

老是犯錯卻總是被包容的同事，不是後台夠硬就是平時嘴夠甜，他抱對的不是佛腳而是主管的大腿。

● ● ●

你要知道職場上是非黑白評斷的標準不同於學校課堂上教的，一切對錯只有位階高的人說了算。
吞下那些委屈，忍住那一口不平的怒氣，也是工作的一部分，是他們付你薪水的理由之一。

● ● ●

認命工作卻莫名被無止盡惡意中傷，要不是你做得太對不會惹來這些爭端。他人不論是編派謠言造口業或刻意誣陷，也必須費些力氣才做得來，如果不是你夠醒目，恐怕也不會得到這樣的特殊待遇。
當你能夠看穿這些職場上的惡毒伎倆，在中招的時候就能夠稍微坦然釋懷一些。

在不同場合不同的關係面前，自然需要成為不同的樣子去應對。
是這些不同的樣貌組合成了這個在大人世界裡舉止合宜的你，不論是懂事聽話還是任性我行我素，都是其中一部分的你，是這些相互衝突矛盾的特質組成最獨特的你。

當你在職場上能夠把情緒切割到這樣清楚明白，就不會因為錯誤的期待帶來過多的傷害。

不要期待在職場上交到朋友，卻也不必總是疑神疑鬼擔心會遭到陷害。當你不抱期待去相處反而收穫了友情，那是你的造化。

希望能交到朋友那是大人世界的美好童話，總是疏遠到只能當同事是殘酷真心話，妄想在職場人人都能真誠相待根本就是天大笑話。

笑看人生這一場輸贏

沒有人會承認自己不如你才想要扳倒你，你應該要看懂這些居心不良的中傷、漫天編造的誹謗、壞心打壓的作為，其實都是小人稱讚你的方式。

在職場上總會遇到蠻不講理的對象，如果這個人可以決定你的考績那可真是相當困擾的狀況。

你的職場最近經歷了一場人事大地震，公司高層改朝換代後，空降了一位大主管，表面上掛了某個不重要的部門主管，其實全公司都知道他就是老闆佈下的眼線，是一人之下萬人之上的地下司令。

這位新來的地下司令對資深員工有很多意見，在他看來像你這種桀驁不馴的前朝餘孽，就該不留顏面挫挫你的銳氣。

所幸世界沒有虧待你的良善

他毫不掩飾對你的排擠，一再堆起虛偽噁心的笑臉下達各種不合理的指令，一開始你自然也是氣不過動了離職的念頭。

離開自然是海闊天空，你在江湖上什麼身分地位根本不必屈就這一個職缺。

若是照你年輕時的個性不可能嚥得下這樣的氣，江湖如此之大你從來不相信這小小的一池淺灘能困住你這一尾蛟龍，自有大江大海任你恣意馳騁。

年輕的時候以為自己什麼都可以，後來的不可以是歲月走過了我們才留下的教訓。

經歷過歲月的你終究不再是衝動的少年了，冷靜下來考慮到轉職的風險，決定暫時按捺下怒氣，且戰且走、見招拆招。

在嗜血的江湖上，厭惡爭權奪利的人也常會有被逼到、不得不出手抵抗的時候。每一回的交手往往不見得是我們主動開闢了戰場，那一次次傳說中的大開殺戒，都是為了保全自己才迫不得已的出手。

這些不請自來的衝突最根本的問題，從來不是你的能力夠不夠扛得住，最大的問題都在人。

人與人之間的陰險算計並不是你做人夠良善就能避得開，不管你做了什麼或根本什麼都沒做，僅僅是看不

慣，你就足以構成他明爭暗鬥的理由。

他先是毫不手軟硬生生加重了你的工作量，就連這些案子原本的負責人都不明白到底為什麼被迫交接。江湖上闖蕩多年，你早練就了被刁難時不動聲色的本事，很快就找到了方法完美消化那些工作量。

若是以前的你會毫不遲疑在問題解決之後，刻意展現自己的一派輕鬆，只為了讓對方明白你不是能輕易被打倒的。

年輕時你爭的是一口氣，而且還要把那些他企圖讓你受的氣毫不保留，不只全數更要加倍奉回，你要親眼看見他的憤恨難平才能通體舒暢。

你曾經以為這樣是最好的報復，職場正是戰場，就是要展現自己夠兇狠，才不會再有小人蓄意壓榨你、暗暗伺機對你下手。

● ● ●

埋首拚鬥了這些年，如果歲月曾經
教會了你什麼，那就是逞一時之快
也許能舒心片刻，卻不會讓往後的
日子比較好過。

● ● ●

　　　　　　　　所幸世界沒有虧待你的良善

在圖個痛快之前，你最終還是多環顧了一下眼前的狀況。

在你還沒有能力擺脫眼前的困境、無法完全脫離他的掌控之前，你這一時的歡快只會讓他更加不甘心，只會替自己換來更多的工作量。

他看你不順眼卻又能任意擺佈你是無法改變的事實，你不想貿然離職更是無法掙脫的難題，當下的窘迫看起來似乎無計可施，眼看自己就要被負面情緒淹沒。

現在的你可以做到的是正面迎向這些負能量，委屈當然不應該蓄意掩埋任人糟蹋，但你的能力也不必寄望他的認可，就算你可以從容應對他的所有為難，也不要輕易被他發現。

你決定在這段不如意的日子裡允許自己裝傻輕鬆一點過，你只用一半的力氣沉著應對工作，表面上假裝被他刁難日子非常不好過。

你選擇不蠻橫地挑明作對，還給職場表面的和平，更還給自己愉快的工作環境。

你選擇讓小人自以為得逞，好換來真正的海闊天空。

小人的為難是為了讓你日子難過，何必再幫故意來找碴的人加重自己的心理負擔，讓日子更加難受。

這種在面對逆境的一開始陷入自我譴責時，告訴自己

該轉念的意志力在心理學上有一個專有名詞，叫做：Thought-stoppoing（思考中斷法）。簡單來說，就是要停止鑽牛角尖的行為，斷開負面想法，不再貶低自己。

他的有心挑剔是因為看你不順眼，換句話說，單單是你的存在就夠讓他不爽，分明知道他心術不正、動機不單純，你何必跟著攪和進去，加倍嚴厲指責自己有夠失敗、放大自己的不足呢？

這樣的退讓不是為了滿足他的存心挑釁，而是為了自己才能做到的正向成長，是你沒有沉溺在負面心情反而積極督促自己才想到的方法，唯有這樣做才能有效地逆轉原本消沉的心境。

能控制好情緒的人才是最後的贏家，你的好整以暇拯救了自己，拿回他手上評分表，不再讓自己被他任意牽制。

討厭你的人眼看你輕鬆過關並不會欽佩你能力過人，只會覺得你總是費盡心機就為了偷懶。

不必企圖解釋自己，更別動念取悅他，對討厭你的人來說，多做只是多錯，他不可能對你改觀，你的一切努力只會加深他的厭惡感。

人生的不容易不必我費力細數，你也經歷了許多，

所幸世界沒有虧待你的良善

‧‧‧

正是吃過的苦才讓人變得從容不迫，見識過了窮山惡水，才會迎來人山人海中的寧靜度日，是那些和著淚吞下的日子讓人看淡了尖酸刻薄。

你被人生多麼看重才壓上這些重擔，你被惡意多看得起才不停為難。

‧‧‧

總是擔心自己是不是哪裡沒有做好、哪裡沒有做對，其實就表示你已經做得夠好了，才有餘力操心。

當開始被四面八方刻意攻擊那表示你簡直做得太對了，才受到這樣的對待。

嫉妒讓人惡向膽邊生，輸不起的苦痛驅使他們心生歹念。

沒有人會承認自己不如你才想要扳倒你，你應該要看懂這些居心不良的中傷、漫天編造的誹謗、壞心打壓的作為，其實都是小人稱讚你的方式。

無所不用其極使出各種手段全力打擊你，是小人認同的方式。他是在表揚你的優秀，他在暗自羨慕你的不平凡，你的一切成就他都無法達成卻又沒辦法大器地認可你。

你可以為自己做到的就是不讓負能量上心頭，笑看人生這一場輸贏。

見識過了窮山惡水，
才會迎來人山人海中的寧靜度日。

每個人都是
抱著期許而生

連續100天不哭，
就算是大人了

擁有情緒是每個人的正常狀態，我們要試著做到可以控制情緒，而不是為了避免被冠上情緒化的字眼，結果強迫自己沒有半點情緒成為一個麻木的大人。

下班的捷運車廂裡，一個長相可愛年約六歲小男孩的哭鬧聲直穿耳際。他哭得很傷心，邊大哭邊用黏呼呼的娃娃音跟媽媽爭辯著：

「我想要養小狗⋯⋯100天太久了，我怎麼可能做得到？」

養小狗跟100天之間的關連是什麼？這個破題引起了我的好奇，忍不住專注起他們對話。

後來才聽明白，媽媽跟他約定好如果可以連續100天不哭，那他就是個大人了，到時候就答應讓他養狗。

所幸世界沒有虧待你的良善

聽著他母親的解釋，我才恍然大悟原來連續100天不哭，就算是大人了呢。

年紀這麼小的孩子當然還不能懂得要負責照顧一條小生命，還得跟著承擔很多周邊相關的事情。

許多父母親遇到孩子這樣的要求時，很難在短短的時間裡讓他明白，不能只在你心血來潮覺得小狗狗可愛的時候，才願意跟牠在一起。

你必須每天抽出時間陪伴牠玩樂，要願意不論晴雨出門都帶牠散步，保持牠的乾淨，留意牠的健康，照顧牠的日常。

不曾經歷過的孩子自然無法想像，承接一個生命到底會有多沉重，難免信口答應。最後往往留下大人必須接手幫忙收拾的殘局。

在他真正能夠連續100天不哭後，是不是就能實際承擔起別人的人生呢？或許也不見得，但至少能讓他在過程中學會責任感，也許這是小男孩母親真正的用意。

能夠連續100天不哭，對小男孩來說，必須經歷的是學習忍耐，明白人生無法盡如你願。

這當中總有些無可奈何，更會有那些想得卻不可得，這些不順遂都不是任意哭鬧、賴在地上撒野，就能輕易得逞過關的。

人生中遇見的每件事都是課題，每一道課題都化身導師要來教會我們一些什麼。

對孩子來說，開始訓練自己不能再任性肆意落淚、必須直視挫敗，是要他懂得世界不是以你為中心在運轉的。

你並不特別，前幾年的人生錯以為能呼風喚雨，那是旁人的寵溺，是他人忍下自己的不便，退讓了才成全了你。

是他的不計較，才換來你一直以來的順風順水，讓你面對誰都不必刻意討好。

很多大人轉換不了兒時被寵愛的心態，拒絕長大成為對自己人生負起責任的大人。總以為一輩子都該左右逢源，自己萬萬不能吃得半點虧，最終他的存在就成為了別人的噩夢。

但，這個世界本來就不該總是順你的意、照你喜歡的樣子運行。

一旦遭受挫敗，那些化解不了的鬱悶，憤憤不平的沮喪沒有好好抒發，長期懷抱著不平衡的心態就可能轉變成欺壓他人的惡霸；或是，無法面對現實一蹶不振，於是昔日得寵的孩子長大成為了敗壞的大人。

你還記得自己是從什麼時候開始，不再輕易在外人面前

掉淚的嗎？

小的時候我們都希望自己可以早一點達成這樣的目標，因為大人總說這是長大該有的樣子。

一旦在別人面前哭泣總是被喝斥，不但沒有被安慰反而遭到無情的嘲笑，這樣的情況遇見得夠多，自然會興起不該在別人面前落淚的念頭。

想哭的時候要忍住，再委屈也不讓自己落淚，面對不公平的對待更必須要忍氣吞聲，時間一久，自然就能養成不輕易掉淚的習慣了。

尤其是進到職場後的這幾年，總會有些難以入耳的閒言閒語，數落你時盡挑些難堪的字眼要你長大點，不然就說若是覺得委屈就回家找媽媽。

好像哭泣就代表你能力不足，落淚是你太過情緒化。

你當然明白社會就是這樣現實，不想就此被定義你咬牙忍住太多不合理的要求，一次次接下了超出負荷的百般刁難。

後來的你，一旦養成不再落淚的習慣，就真的再也哭不出來了。

● ● ●

人的情緒分成很多種，每一種都需要被好好處理、定期宣洩清理。

擁有情緒是每個人的正常狀態，我
們要試著做到可以控制情緒，而不
是為了避免被冠上情緒化的字眼，
結果強迫自己沒有半點情緒成為一
個麻木的大人。

• • •

**仔細想想每一種情緒的作用，都是為了讓人可以更加認
識自己。**

「憤怒」可以清楚劃出我們的底線；「恐懼」可以明白
自己的極限、不過分勉強自己；「厭惡」讓我們遠離不
開心的人事物；「失望」可以認清自己看待身旁人事物
的角度；「悲傷」則是種提醒，讓你知道自己的心需要
停下腳步，渴望好好被對待。

在成人的世界裡，落淚之所以不受歡迎，是因為它長期
以來被視為軟弱的表現，反倒忽略了這是種具有功能性
的行為，我們可以藉由落淚抒解壓力讓自己變得更加強
大。

**在信任的對象面前落淚，願意交出自己的脆弱固然是他
讓你感到放心，可以卸下平日成熟大人的武裝，更是傳
遞了與他之間獨有的親密感，可以進一步堅固彼此的關
係。**

所幸世界沒有虧待你的良善

可以更進一步發現，那些原本以為交出人生的傷口會被看輕，甚至讓他遠離的擔心通通沒有發生，取而代之的是耐心收下你的傷痛，願意理解並且好好梳理。

你這才明白原來在對的人面前表現脆弱，真的沒有關係。

總是用逞強把旁人隔絕，即使面對人生巨大的悲傷都冷靜以對，反而會讓人感覺疏離不被信任，沒有被當成自己人。

願意在信賴的人面前落淚不光是示弱，落淚更大的好處是讓你明白其實自己不是那麼無助絕望與孤單，只要你不急著躲開，真正的朋友總會在需要的時候伸出雙手。

更多人習慣選擇一個人躲起來偷偷哭泣，這也不是太糟糕的堅持，畢竟曾經因為落淚而被議論的陰影無法抹去，的確會讓人無法坦率表現低潮。

那就允許自己在獨處的時候盡情大哭吧～

不用擔心面子問題，不用在乎旁人的眼光，適度落淚是美麗的、適量哭泣是健康的。

經歷過這麼多事，這一路走來長到這樣的歲數，我們當然都知道哭泣不能解決問題。但，哭泣的確可以釋放一些壓力，可以緩解被情緒影響的判斷力。

壓力多釋放掉一些些，腦袋就會多清楚一點點，我們總會找到辦法度過這一次的考驗。

適量哭泣有益身心健康，敢於哭泣才是最強大的人，如果有人願意接住你的淚，度過低潮後也不要吝嗇回給他最美的笑容。

所幸世界沒有虧待你的良善

不用擔心面子問題，不用在乎旁人的眼光，
適度落淚是美麗的、適量哭泣是健康的。

用他的失望換回你的自由

原來人性赤裸裸的偏頗可以是這樣，不管彼此的關係是什麼，一旦被認定了可以輕易被左右、容易心軟不忍心拒絕，就等著被吃乾抹淨。

●　　　●●　　●●　　　●

有個朋友在一般的標準裡已經算是小有成就的大人，但總是沒辦法放過自己輕鬆過日子，難以輕易肯定自己，面對別人的稱讚也無法坦然開心地接受。

每個人的性格自然與成長的歷程有關，那些造成個性陰影的過往，只是被埋得比較深，並不代表曾經的傷痛都遺忘了。

某天跟他聊著一起追根究柢這樣個性的形成，他想起一個模糊的過去。有天放學回家，他帶著被老師稱讚的作

　　　　　　　　所幸世界沒有虧待你的良善

文，想要討到一個不曾有過來自母親的稱讚。

母親安安靜靜看完他的作文，不但沒有替他開心，反而寫了一段用詞嚴厲的話回覆老師。

大意是說，這孩子連文章裡的哪幾個字都沒寫好，字跡太過潦草讓人看不懂在寫什麼，顯然太過粗心大意還請老師多加管教。

都已經是好幾十年前的事了，現在回憶起來，他的臉上還是帶著傷心。

「我那時候就懂了，原來自己不管怎麼做，都得不到她的一個稱讚。」

年過四十的他如今在職場上呼風喚雨，卻依然惦記著還是孩子時的當年有多委屈。

我像是看見年幼的他倔強地咬緊雙唇，努力不讓自己掉下眼淚。

好想抱抱那個等著一聲讚美卻又再次落空的孩子，輕輕對他說：「你很棒，你已經做得夠好了。」

對單親家庭出身的他來說，母親的認同是鞭策他前進的強大動力，為了不讓她失望總是拚盡全力，卻從來沒有當面被稱讚過。

母親也許以他為榮卻惜字如金，不曾給過任何肯定，反而會在言談之間質疑他的成就。取而代之的是另一種變

相的方式表現她的信任，不管生活上大小事都只找他開口，直接略過其他幾位孩子。

這算不算是一種沉默的讚美呢？

一開始他也以為是這樣，總是以「至少很被需要」的理由說服自己回應母親所有的要求。

可是日子一久，心理以及經濟上的負擔益發沉重，他終於忍不住向其他手足反應並要求共同承擔，卻只得到各種理由的推託與斷然的拒絕。

他這才明白原來母親總是向他開口不是因為信任，是因為其他人坐視不管。

他當然也試過各種溝通的方式，企圖開啟對話的可能來修補關係，但母親的反應居然是維護其他的孩子，像是他們都自身難保了哪裡還有能力承擔，既然有能力那就是你天經地義必須做到等等。

簡單來說，能力夠強大是他活該，母親心疼其他的孩子卻一點也不擔心他。

最懂事的孩子總是無怨無悔付出，不但沒人心疼還被看成了好說話跟理當如此。原來人性赤裸裸的偏頗可以是這樣，不管彼此的關係是什麼，一旦被認定了可以輕易被左右、容易心軟不忍心拒絕，就等著被吃乾抹淨。

當年那個嚴厲的母親以為自己是出於好心的提醒，認定

做人要謙虛不能因為一點小小的成績驕傲，於是費心挑出孩子的缺點讓他人嫌棄，深怕這孩子會恃才傲物、目空一切，她不想養出一個怪物。

這麼多年來她吝於給出一點點的肯定，鼓勵這個別人眼中難得乖巧又有成就的孩子，寧願把最聽話的孩子貶成一個廢物，如此偏激的教養方式卻把孩子推得離她越來越遠。

這個乖巧了四十多年的孩子突然清醒了，他決定要使壞、要畫清界線，決定不再追求來自母親的表揚，對這一生都難以到手的冠冕斷念。

● ● ●

> 如果讓別人失望可以換回自由，那他願意為自己變成別人口中的壞人。
> 原來讓別人失望可以讓自己好好過日子，他用了超過半輩子的時間才學會了這個道理。

● ● ●

在跟母親多次溝通無效後，終於迎來一場決裂的大吵。

他把壓抑在心裡多年的醜話都說了，從此他與母親的溝通只有每個月的匯款，不再噓寒問暖、細心關照，回應每一次細瑣的召喚。

他決定要變得不乖巧不再聽話，就算在主流價值觀裡看來，這樣改變的自己一點都不孝順。

這是他為了保護自己而拉出的距離，這是他能為自己辦到的狠心。

他不再為了討好而聽話，不再逼迫自己全盤接受沉重的要求，他決心讓母親接受對他失望，接受他並不是最好講話的孩子，並不會隨傳隨到。

他用母親的失望，換回自己的自由。這樣的決定也把他從「孝順」「服從」解放，他接受了自己的極限，接受自己無法完成母親的全部要求。

擺脫了母親永無止境的需求，不再為了滿足她的期待而活，自然也不需要去處理她的失望或傷心，勇敢說出拒絕的他終於拿回了人生的自主權。

照顧者這樣的角色離我們並不遙遠，大部分的人會在父母年老後才要面對。但單親家庭越來越多的社會現況，造成更多早熟的照顧者。

孩子被迫成為了父母的情緒伴侶，必須捨去自己的需求回應不那麼堅強的父母。更有因為罹病的伴侶而成了照

顧者的角色，眾人的關注與目光大多鎖定被照顧者身上，而照顧者的心理狀態常被漠視。

照顧者的無奈、難以擺脫的沉重負擔都是無法輕易卸下的心魔。

照顧者與被照顧者之間，如何取得兩人關係的平衡自然是各自的課題。但說穿了，人與人之間的所有關係就只是要能多花點心思體諒，跟試著理解對方罷了。廣義來說，我們每個人多多少少都有病，都有需要解開的心病。

● ● ●

不是別人眼中的夠好，無需跟著否定自己。成功的定義不是滿足別人對你的要求，自己開心自在才代表你做對了。

● ● ●

你比自己想像中還要好，如果已經太吃力，那就讓自己別再那麼辛苦。

努力了太久才發現，成為別人眼中的完美實在太過困難，原來最簡單的是，做好不那麼完美卻開心自在的自己。

停止長大的孩子

也許過往的相遇都只是違章建築，你注定要一層層拆除，才能重建出專屬於自己的一片天地。

韓劇《少年法庭》裡說：「被家暴過的孩子就不會再長大了。」

我自己的延伸解釋是，受創的孩子心理年齡會停留在被施暴的當下，困在當時求助無門的情緒中。埋怨的恨意在他心裡生了根，他怨不是自願被帶來這無情世間，他怨世人冷淡不伸出援手，更糟的是他還會連帶怨恨起自己。

他痛恨自己太軟弱不懂得反擊，更保護不了身邊的其他人，就算當時的自己還是個稚齡的孩子。

所幸世界沒有虧待你的良善

這樣的創痛會埋在心裡很深的地方，一輩子都無法痊癒。不僅影響人格的形成，更可能阻隔人際關係的維持，讓他在發展親密關係時頻頻受挫。

除了肉體上的暴力之外，精神、言語上的施暴當然也具有同樣的殺傷力。

「你懂那種找了一輩子卻還是所託非人的疲憊嗎？」

小雅在電話那頭極度厭世地對我表示，關於戀愛這件事她真的是受夠了。

她長得並不特別漂亮，但一直以來同性異性緣都還不錯，平時看似開朗大方，旁人跟她相處時都覺得挺舒服的。

認識這幾年來，她換過兩任男友都交往超過五年，我從不過問朋友戀情結束的原因，**這世界上的感情走不下去的理由有千千萬萬種，心碎卻都是同一種樣子，離別的無奈是怎麼說都說不清的。**

「我沒有自信了，想到又要再去遇見誰，又要再去面對一個陌生人交代自己的人生，真的好累。」電話那頭她悶悶的鼻音，擺明了是邊哭邊跟我聊著天。

在單親家庭長大不是什麼問題，問題是在長大的過程裡受到了怎樣的對待。

雖然不是肉體上的施暴，小雅在年紀還太小的時候就遭受過多的語言與情緒暴力。

在過往單親還不是個能被坦然討論的話題，這養成了小雅不太愛主動提起自己隱私的習慣。

不管後來的她把日子活得多精彩，與幸福無緣的擔心依舊隱隱約約躲在某處。她心中那個小孩始終沒有離開，藏在不見光的角落一直等待著又有誰要來傷害自己。

她總是事先做好了會失望的準備，準備接受每一次離去的背影，準備接受自己又從兩個人的幸福變回了一個人的孤獨。

更諷刺的是，這樣的失望也從沒讓她失望過，每隔幾年就要發生一次。

現在的她不但沒有因為年歲增長更加勇敢，反而因為一次次如預期兌現的失望，開始厭倦任何開始，沒有開始至少不需要面對結束。

聊著聊著話題自然繞回了導致分手的關鍵。

「有一次我再三跟他確認當天約會是不是要取消，他隨口回了我一句都說了交給妳決定不要一直問，很煩。」

他人的不耐煩是小雅的地雷，讓她勾起太多傷心的過往與記憶。

「他應該不知道這句話會讓妳這麼崩潰，說清楚不就好

所幸世界沒有虧待你的良善

了？」我說。

她的聲音啞啞的，語氣還是很受傷的回答我。

「我原本也是這樣想的，所以我就寫了很長一段話跟他解釋我的不安，不帶任何過多的情緒。

很煩也許只是你的口頭禪，但是當你說很煩，我接收到的訊息是，妳很煩人不要再來吵我，不要跟我聯絡了。

我想像你的表情，怒氣沖天瞪大眼睛惡狠狠瞪著我。

我想起小時候被逼著去跟拋妻棄子的男人要生活費，他就是用那樣的表情瞪我，心不甘情不願的把錢丟給我，他總是覺得我很煩一天到晚打擾他。

也不止一次當面嫌棄過我的存在，抱怨他有多後悔當初把我生下來。對他來說，我的出生是他的負擔，更拖垮他的人生。」

她傳來這一大段文字讓我閱讀，我個人觀感以為還蠻誠懇的，不是有意想找架吵的節奏。

「結果他只回我，妳要怎麼腦補是妳的事，我不想再多做回應了。」

「這麼冷淡！」我忍不住放大了音量，有點上火。

對小雅這樣背景下長大的孩子來說，感情裡在乎的，是在最脆弱的時候，能有個放心歸去的地方，那是她長久

以來尋覓的擁抱，是不停尋找的一抹寬容的眼神。

這些年來的坎坷，不管是人生安排的坑洞或是天生稜角衝撞得來的傷痛，固然讓她漸漸變得堅強，可是親密關係中的任何風吹草動都容易觸動她的敏感神經。

那躲在心中老早就停止長大的孩子，讓她的不堪一擊怎麼樣都無法被修補好，但她確實也在慢慢學習著給足自己安全感，好好善待自己。

有能力承擔風雨交加不表示就想要一直這麼堅強，誰不想要有個人能為自己撐傘、最捨不得讓你淋濕。

「也許我不能總是要求對方認識過去的自己，然後原諒我現在的樣子。我的這些不安全感、極度依賴、獨立堅強、善解人意特質，各用不同的比例，依循獨家配方揉進了我這個人當中，一個不漏。

八方風雨我可以自己扛卻還是想要被心疼，無法接下我的脆弱，那他也不會有足夠的好運，能參與修補好的我。

而這也不是誰的錯，只是我們的感情需求與付出能力並不契合罷了。

更可能是，他也覺得這樣子的我讓他很累。

只是啊，交代人生這樣的事情，實在是太費力了，我沒有把握還有勇氣或者願意再跟誰揭開傷口，有餘力敘述

這些不堪。」

她吸了吸鼻子，用哭啞的聲音下了這一大段結論，我在心疼之餘也向她一直以來在愛情這條路上的奮不顧身致敬。

最後我只想對她說——

• • •

　一天最黑暗的時候正是天就要開始明亮的時候，當你覺得現在的人生太過苦澀，那是因為它正要開始好起來了。
　回甘的時候要到了，你只是需要再多給自己一點時間。

• • •

我們都經歷過這樣的時候，前一天分明沮喪到想要放棄了，今天好事就會突如其來的發生了。

老天爺從來不會事先打聲招呼，要你做好準備，該來的人就是會這樣憑空出現。以前的你懷疑自己在愛情裡總是在犯錯，可對他來說，你卻怎樣都最對最好，接著他

就賴著不走了，這樣的事也總是在發生著。

如果等待讓你太累，那就不要苦苦執著餘生需要盼到誰，先把眼前的自己照顧好，慢慢適應當下的安靜，享受一個人的孤單吧。

也許過往的相遇都只是違章建築，你注定要一層層拆除，才能重建出專屬於自己的一片天地。

所幸世界沒有虧待你的良善

回甘的時候要到了，
你只是需要再多給自己一點時間。

情商低能是人際關係裡的
恐怖分子

再親密的對象都需要以禮相待，那不是疏遠客套是尊重，是不管多親近的對象都要保有的對待。

好好說話並沒有很困難，很多人卻辦不到，他們習慣用「我是為你好」綁架你的抗拒，張嘴就說出難聽的字眼，還要你容忍他的直言不諱。

朋友大病了一場，經歷近半年的治療，正開始慢慢恢復健康。

在冬季難得風和日麗的午後我們相約見面，原本高瘦的他在這段時間裡掉了十多公斤，單薄的身影很讓人心疼。

所幸世界沒有虧待你的良善

幸好他的胃口已經恢復，雖然有些進食的限制，但終於可以大啖美食。

用餐過後他提議要再嚐甜點，我用力點頭配合。

我們在低溫裡移動，邊曬著久違的陽光有說有笑的前往甜點店，入座後點好他夢寐以求的甜點，他像孩子般興奮的等待著。

這時候他的手機傳來一則訊息，一打開看完，他的情緒明顯受到影響，神情變得無奈又哀傷。

甜點上桌他連動都不想動，我看著他沒有追問，給他獨自整理情緒的時間。

他沉默了一會兒，先是嘆了一口氣，抬起頭看著我很沮喪的說，有個親戚傳了一篇關於化療的報導給他，大概的意思是就算現在沒事也不代表之後會沒事，身體遭受這樣的摧殘，大部分的人兩年內肯定就會離開人世。

「我不懂她讓我看這篇報導的用意是什麼？是要我現在趕快寫好遺書嗎？」

我可以想像這位長輩的嘴臉，打著關心的招牌無限上綱自己的殘忍發言。

●　●　●

好好說話並沒有很困難，很多人卻
辦不到。
好好說話不是要你句句諂媚、一直
討好別人，而是在聊天過程中讓人
感到舒適、如沐春風。

●　●　●

不假思索說出口的話有著什麼樣的傷害力道，他從來不
會多想，也沒想過要多管。

他覺得自己是好心提醒，才不理會讓人在意多久，會影
響別人的一整天心情。

他覺得只是隨口說出沒有惡意，只是想到什麼就說什
麼，沒其他想法。

「我是為你好才這樣說，你怎麼不知道感激。」

這話說得好像聽到惡意發言感到難過的我們，太過情緒
化了、過度敏感，反而成了需要改進檢討的對象，是不
是搞錯了什麼？

我常因為這樣錯亂的邏輯感到疑惑，難道自以為懷抱好
意就可以任性出口傷人？總是心直口快，旁人就必須
一再包容你的無心之過？

總是以「我是為你好」這幾個字脫罪的人其實最自私，因為他肯定明白自己語言的破壞力，卻不以為意。

誰叫你要在意，這是我的個性沒辦法，我改不來，再說我的出發點是好的，根本沒有惡意。

不是改不來，是他根本沒有想過要改，打著「我是為你好」的招牌傷人毫不嘴軟。

諷刺的是，遇到這樣的狀況，想著需要改變的往往是被傷害的這一方。

他說的話總是刺耳，我們會自省不該對號入座，要試著理解他的好意。

他總說是為你好，數落完你後再繼續無止盡的抱怨，也許是他生活過得比較辛苦，才會凡事都看不順眼，我們應該體諒他的不容易。

你在替他設想的同時，對方並沒有同樣理解你的難受，他自顧自的大放厥詞好像全天下都該依照他口中的道理來運行。

我們都已經是獨立生活這麼久的大人了，真的沒有誰的日子過得比較容易。

過得不如意、心中滿是排遣不了的負能量，那就應該努力改善生活，自行消化壞情緒。

而不是靠酸言酸語，或是藉由唱衰他人的人生來排解自己的不如意。

● ● ●

人際之間的往來總有可以忍讓的最終底線，你早該明白沒有捨棄不得的關係，只有最該珍惜的真心。

● ● ●

當一個人三番兩次說話難聽，起初還能用直來直往替他辯解，可是，你的一再退讓而對方依舊死性不改，總會有忍耐不了、不想再忍的時候。

處在逆境本該奮力扭轉困難、化解鬱悶，力氣大可不必花在用難聽的語言綁架他人的情緒，牽拖旁人一起溺斃。

說話難聽總是不說好話的人，代表的不只是他的個性，更體現出一個人的品行。他見不得你的春風滿面，只希望一句話打得你落花流水，他一個人過得慘不行還得要全部的人陪著一起遭殃，才能讓他心理平衡。

「我也許說話難聽但都是為你好」是他們習慣掛在嘴邊的推卸之詞，其實說話比較直、總是用話語傷人，更代表了他是個情商低能的人。

所幸世界沒有虧待你的良善

情商低能就是人際關係裡的恐怖分子，總在伺機破壞別人的心情，口無遮攔就是教養不夠，跟沒有心機是兩回事。

情商低能的人會辯解自己沒有多想，就只是個性直白，你不要過度反應不就沒事了。情商低能的人在人際往來的任何一種關係裡，都不會是受歡迎的對象。

無論是家人、友人或戀人，情商低能正是破壞親密的劊子手，是你一手打壞關係，是你親手把對方越推越遠。

在朋友分享戀愛的喜訊時，冷言冷語批評他的對象；家人提起自己的成就時，卻說這很稀疏平常；戀人遇到挫折需要安慰時，還檢討起這麼簡單的問題會不知道怎麼解決？

你以為自己沒有惡意，只是實話實話，卻沒有意識到已經傷害到對方的感受，居然在對方需要支持的時候，伸手狠狠賞了他一巴掌。

再親密的對象都需要以禮相待，那不是疏遠客套是尊重，是不管多親近的對象都要保有的對待。

我們經常在對待陌生人或交情淺薄的對象時謙遜有禮，面對家人、愛人朋友總是最放鬆也最漫不經心，往往懶得包裝自己的情緒。

肆無忌憚表達最真實的自己，覺得對方應該瞭解更必須

接納自己這樣未經美化、粗暴的溝通方式。

可是，不管是什麼樣的關係，都需要好好說話，耐心溝通彼此以禮相待。

那些黑色幽默與玩笑固然是建立在夠深的交情上，只是交情再深也要懂得看場合、看臉色以及顧慮對方的情緒再發言，而不是用自以為是的幽默去踐踏交情。

「好好說話，好好表達」，這是我們能做到最簡單的善意，更是對待我們愛的人最該有的底線。

再親密的對象都需要以禮相待，
那不是疏遠客套是尊重，
是不管多親近的對象都要保有的對待。

感謝你沒變

不是歲月讓你變得無情，是歲月讓你搞懂了人性。
你早就該懂不必總是當個溫暖的人，早該學會為了能
幸福起來就要夠狠下心。

小南某天公布了自己進入大企業的消息，朋友圈的大家
自然恭賀聲不斷，他原本就是個腳踏實地勤奮努力的
人，新工作可以減少出差奔波薪資又優渥，大家都很替
他開心。

我還來不及送出恭喜，就在群組看見他的私訊。

他提到了一個久違的名字是這群好友中某個人的前任，
兩人算來是舊識，雖然沒有私交卻也超過十年不見，奇
妙的緣分帶著他們再次聚首，如今成了隔壁座位的同
事。

所幸世界沒有虧待你的良善

「他對我還蠻親切的，今天一見面就教了我很多這個辦公室的生存守則。還跟我說他現在有兩間房子在出租，和老婆另住一間。我笑說，你不用出來工作吧，是出來交朋友的。」

過了沒多久，這位某個人的前任在群組裡發聲了：

「他家境蠻好的一直不太需要出來工作，從他迫不及待分享兩房收租這件事來看，深怕別人不知道他過得很好這方面倒是沒有變。」

「真好，他都沒變。」

最後的這句註解，笑倒了群組裡的大家。

「真好，他都沒變。」這句話帶著點慶幸的意味，表示就算他過得再好，就算我過得沒他好，但我始終沒有後悔過分手的決定。

感謝他沒有改變，讓我以為錯放了一個對自己來說夠好的人。

人生在世免不了要遇到幾次分手，相處不來後分手不見得是誰有錯，在下一次的相遇裡，彼此還是都有機會成為別人最對的那個人。

只是，我們難免自私地希望在自己還不是那麼幸福之前，某個前任不要突然福至心靈，轉身變成讓自己遺憾錯放的天菜，如此而已。

話題韓劇《黑暗榮耀》主角是在高中時期被慘無人道霸凌的文同垠，多年奮鬥佈局縝密盤算復仇大計，即將全面開戰之前曾經去到電視台，找上其中一位復仇對象朴涎鎮出來對談，說要給她最後一次機會。

當時的文同垠還有點心軟，對朴涎鎮說只要肯道歉認錯所有復仇行動就到此為止。

朴涎鎮不但一點都不領情，還滿臉不屑冷嘲熱諷地對她說：

「少發神經了，從妳出生開始，妳就活在地獄了啊，妳反而應該要感謝我，多虧了我，妳才能當上老師，讓妳有動力改變自己的命運，也是一種罪嗎？」

聽到她這樣回答文同垠沒有發怒，反而釋懷了，她淡淡笑著說：

「涎鎮啊～謝謝妳，妳一點都沒有變。」

另一邊面對不斷挑戰底線的母親，原本還無法痛下毒手的文同垠也在被用最害怕的火威脅時，終於徹底了悟並感謝始終沒有改變的母親。

在此之後，復仇大戰持續展開直到血流成河。

在許多喜歡干涉他人分合的人口中，最常使用的一個勸和理由總是「人是會改變的，給他一個機會證明，不要這麼容易選擇分開。」

可是太多例子分明都告訴了我們——

· · ·

人真的不會輕易改變。
人的本性是很難撼動的，
有機會改變的是習慣。

· · ·

習慣說謊劈腿成性這些個性改不了，可以改變的是開始
運動、戒掉菸酒這樣的習慣。

人的本性難以改變，所以善良的你才會一再選擇原諒，
因為不忍心對方受到傷害，即使自己早就渾身是傷。因
為明白疼痛的難受，才會對於分手猶豫再三。

你給出了機會一而再再而三，妄想時間可以改變一個
人，以為給出傷害的人會明白自己的錯，會痛改前非真
心懺悔。

還天真的認為公平正義會為你如期而至，耐心等著一個
誠心的悔改。

如期而至的只有一次次的失望，然後你才明白，不會改
的，人世間多的是一輩子都不會改變的人。

不是歲月讓你變得無情，是歲月讓你搞懂了人性。

你早就該懂不必總是當個溫暖的人，早該學會為了能幸福起來就要夠狠下心。

犯下第一次錯誤時還可以推諉說是無心之過，他看似誠懇有心痛改，我們總會心軟願意再給一次機會。
只是結局往往也不出乎意料，傷害往往伴隨第二次犯錯一起來到。
第二次再犯相同的錯就是種選擇，明明知道你有多痛，他還是選擇繼續給出傷害。
不論你們之間的關係是什麼，不管是友情親情或愛情，千萬不要期望對方會為了你而改變，連這樣的要求都不要說出口。
這樣的要求不但違背人性更考驗雙方的感情基礎，不僅賠上失望更會招來對方的埋怨，這兩者都是親密關係的殺手。

決定分開不是件容易的事情，先說出口的人並不表示他不會痛。
那是反覆多次的心痛，痛了好幾個夜的輾轉難眠，在說出口前早已預演了幾百次的心碎。
就算他早有心理準備，決定放手一段感情依舊是千回百轉的折磨。

那是否定當初自己最真心的愛戀，是承認了自己識人不清看走了眼，從來不會是件容易的事。

不要帶著情緒做出決定，不要為了賭氣說出分離，否則在多年後聽說了對方過得很好的消息，就無法帶著滿滿的正能量說出「感謝你一點都沒有變啊。」這樣瀟灑的話了。

• • •

人生走上這短短一回，讓我們在有幸相遇時好好處理每段關係，用盡最好的心意善待彼此。

慶幸這場相遇，

慶幸生命中有過彼此。

• • •

關於對的人

遇上一個人跟他相愛的同時，其實也在跟他的童年、他的過去交手，只是我們往往渾然不覺。

關於對的人到底存不存在這件事，也許我們一輩子都找不到真正的答案。

隨著年歲的增長不見得能看得更清楚，也許會跟老花一樣日子越久越加模糊。曾經因為這個人而相信了愛情，也可能成為日後你不願意再戀愛的原因。

到底是哪裡出錯了？

如果把一切歸因於時間，你能接受嗎？

找到答案之前，我們先來看看這個故事，故事主角是

所幸世界沒有虧待你的良善

「The Beatles」傳奇永恆的樂團其中的主要成員 John Lennon。才華洋溢的他在你印象中是個什麼樣的人？

他是傳奇的音樂家、是藝術家、始終堅持反戰高呼給和平一個機會。

但，他到底是怎麼樣的一個人？

我的意思是卸下了那些迷人的光環，在最普通不過的日常之中的他，會是一個什麼樣的朋友、兒子、情人，甚至父親？

在四十歲被瘋狂歌迷持槍射殺之前，什麼樣的經歷造就了他這傳奇的一生？

他在三歲時被父親拋棄，母親無法獨力撫養，便將他寄宿在親戚家。

一個長期缺乏雙親陪伴的孩子自然極度渴望親情，在這樣背景下長大的他不僅叛逆，思想自然也跟常人很不一般，這樣的 Lennon 對愛情的想法又會是什麼呢？

遇上一個人跟他相愛的同時，其實也在跟他的童年、他的過去交手，只是我們往往渾然不覺。

曾經經歷過的一切造就了現在的他，擁有致命迷人特質的人，肯定也會有些讓旁人討厭、看不順眼的地方。

John Lennon 有過兩段婚姻，兩段婚姻的妻子各生下了一個兒子，The Beatles 的歌曲裡有兩首比較廣為人知的

歌曲，是以這兩位男孩為對象創作演唱的。

在這個故事裡，要來看看當過兩次父親的他，對於兩個孩子截然不同的態度。

第一任妻子 Cynthia 和 John 在 The Beatles 正式成軍前就開始交往，一起度過樂團草創初期也吃過不少苦，與團員們十分熟識。

瘋狂陷入愛情的他們在 The Beatles 走紅前就奉子成婚，還認定對方是 Soule Mate、是永遠的靈魂伴侶，那時候的他們以為這段愛情足以地久天長。

Lennon 是 The Beatles 成員中第一位結婚的，當時的他才二十出頭，多青澀的年紀。

結婚不久後 The Beatles 就魅力全開橫掃全球，只要一有單曲發布就立刻衝上排行榜廣為流行，所到之處都引來一大群歌迷圍繞。

六零年代的資訊和交通都沒那麼方便，當時的追星族比現在自然辛苦許多。但每每出國巡演也總能引來數千名歌迷在機場聚集追逐，魅力十分驚人。

The Beatles 還帶起了一波「英國入侵」現象，在當年其實英美兩地的娛樂、音樂、文化等等彼此都算自成一格，但隨著他們的音樂在美國流行開來，引發了美國人對英國音樂前所未有的興趣，也帶給其他英國樂團在美

國演出的機會,展開了英國的文化反攻。

The Beatles 的經紀人 Brian Epstein 當時一度希望 Lennon 已經結婚生子的事情能夠保密,他斷定這會讓女粉絲少了太多的想像空間。

果然在消息曝光後,Cynthia 陸陸續續收到女粉絲的各式各樣威脅,更被瘋狂粉絲踹過、還揚言恐嚇:

「離 John Lennon 遠一點,不然就讓妳好看。」

這些成名帶來的壓力毫無意外開始慢慢摧毀他們的愛情,Cynthia 並沒有因此退縮依舊陪伴在 Lennon 身邊,受到影響的人是 John Lennon。

當時的 Lennon 面對突如其來的高知名度、走到哪都有難以計數的少女對著他尖叫,不管推出什麼歌曲都在排行榜大受歡迎,以及應接不暇的巡演、受訪,身心靈要承受的壓力來到了極限。

除了必須消化一個接一個的行程之外,還要抽出時間持續創作,當時才二十多歲的他根本沒辦法好好生活,更遑論經營一段婚姻,花心思好好當一個父親。

成名帶來的壓力讓 John Lennon 怎麼樣都扛不住,他開始出現一些瘋狂脫序的行為,如果當時的他們只是在談戀愛,也許 Cynthia 可以跟著他一起享盡榮耀,但他們

已經有了家庭，壓在肩上的責任自然是不一樣的。

越來越沒有時間相處與溝通，兩人之間慢慢築起了一道高牆，她明顯感受到丈夫刻意疏遠與冷落，卻又不知道該如何挽回。

最後在 Lennon 的建議下，Cynthia 決定前往希臘度兩個星期的假。

回來之後迎接她的卻是離婚協議書，而在這短短兩週的時間裡，John Lennon 跟 Yoko Ono 開始堂而皇之一起生活，對待 Cynthia 的態度彷彿她才是介入別人婚姻的第三者。

有些愛情的發生是因為感到被理解，對於 Lennon 這樣的創作奇才來說，Yoko 是最能理解他的人，這位行為藝術家怪異前衛的言行舉止，在在都吸引著他。

他無法自拔地愛上她，甘願就此拋妻棄子，做出跟自己父親當年一樣的事，為了追求愛情，他成為自己最痛恨的大人。

我們都必須先藉由模仿才能夠學會，不論是牙牙學語或者與他人相處。John Lennon 從小欠缺親情陪伴、特立獨行，在第一段婚姻裡的他並不懂得家庭是什麼，更沒有心思當一個父親。

在他們離婚之後，The Beatles 的另一位成員 Paul

McCartney 因為和 Cynthia 是學生時代就認識的老朋友，有空就會去探望這對母子。

Paul McCartney 為了安慰年僅五歲的 Julian Lennon 寫出了〈Hey Jude〉這首歌。

諷刺的是，John Lennon 聽到這首歌時喜歡到不行，因為他把它解讀成 Paul McCartney 在對他說：「John Lennon 去吧，追求你的愛吧。」

仔細看歌詞，確實後來修改過的整首歌，已經遠不是一位叔叔鼓勵孩子的話語，而更像是對於全新親密關係的渴望與追求。

當時的 Paul McCartney 自己也和交往多年的未婚妻剛分手，解除了婚約，這首歌或許也偷渡了 Paul McCartney 那時的心碎。

當我們理解了這首歌曲的創作背景，就可以真正明白這首歌讓人心疼的切入角度：

父母親的離婚影響最大的始終是孩子，大人誠實面對自己追逐真愛，卻沒人心疼五歲孩子的世界也就此徹底崩壞。

那個因為父母婚姻破裂感受不到愛，甚至懷疑一切都是自己的錯的五歲小男孩，從一份不是自己父親給出的體貼中得到了寬慰。

對他來說，John Lennon 當然不是個好父親，更不會是

他理想中大人應該要有的樣子。

大人常以為才五六歲的孩子怎可能懂得什麼，但他們其實什麼都懂。

John Lennon 很快另組了家庭並且高調倡導反戰，做出了許多至今都還會被提起的經典事蹟。

當時他跟 Yoko 倡導的其中一個著名運動「要做愛，不要作戰（Make Love, Not War）」的床上和平運動，是著名的行為藝術。

在「給和平一個機會（Give Peace a Chance）」釋出的影片中，他們兩人坐在床上，彈著吉他唱著「給和平一個機會」，影片中的 Yoko 專注地看著他，嘴裡也跟著複誦歌詞。

這場反戰運動、這支錄影帶，讓 John Lennon 成為最著名的反戰明星。

世人受到了感召相當動容，只是對於被他遺棄的兒子呢？他看到了什麼？

他只看到遺棄自己的父親大大方方的跟著另一個女人，宣揚著他們的愛情。

當時才六歲的兒子 Julian Lennon，從電視上看到了轉播畫面轉身問媽媽說：

「爸爸在床上幹什麼？」

媽媽回答：「他想告訴大家：和平很重要。」

長大後的 Julian Lennon 回憶起這件事的時候，寫下了這段話——

他追求世界和平、鼓勵世人相愛，但他卻難以與他的第一個家庭——母親和我和平相處，無法給我們足夠的愛。

難道，以前的愛情不是愛情嗎？難道我不是你的孩子嗎？為什麼你對我們如此冷漠無情？

這時候的 John Lennon 是 Yoko 的真愛卻是 Cynthia 的渣男，更是兒子眼中無情不負責任的父親。

這位無情不負責任的父親，在他第二個兒子出生時完全改變，他的柔情浪漫顧家滿腔的父愛在第二個兒子出生時，突然一股腦湧現了。

一個父親對待孩子的態度，與伴侶之間的感情親密程度脫離不了關係。

當樂團處於巔峰忙著打理事業的 John Lennon 在與第一任妻子 Cynthia 日漸不合，在 John Lennon 的心裡，這個家根本不重要，也使得 Julian 的童年裡總缺少一個父親存在。

但面對第二個孩子的誕生，他居然動了退出歌壇全心照

顧家庭的念頭。

也許是對於走紅成名已經調適過來，又遇上他認為的人生摯愛 Yoko Ono，在身心靈都平和的狀態下，他本人寫下一首相當浪漫的情歌給另一個兒子 Sean Lennon。

他為半夜被噩夢嚇醒的小兒子，溫柔的唱出〈Beautiful Boy（Darling Boy）〉，歌詞旋律簡單卻是滿滿的寵溺，盡是父親對兒子的疼愛。

John Lennon 在四十歲時遇刺身亡，兇手 Chapman 據說是 The Beatles 的歌迷，曾多次在他公寓外「蹲點」等待簽名的機會。

行兇當天，他從上午就在公寓外等待，還拿了張專輯等待 John Lennon 簽名，當天還跟當時五歲的 Sean Lennon 碰到面。

悲劇發生的那一刻是 John Lennon 晚間從錄音室回家之際，兇手一看到他下車毫不遲疑立刻開槍，結束了他傳奇的一生。

當天 John Lennon 和 Yoko 已經在錄音室工作了好幾個小時，本來打算直接去餐廳晚餐，是怎樣的變數更動了他的行程，迎向了死神？

他們在晚上十點多先返回公寓，因為 John Lennon 希望可以回家跟兒子道聲晚安，再去用餐。

所幸世界沒有虧待你的良善

如果他沒有心心念念著容易作噩夢兒子而是直接去餐廳，後來的故事會不會不一樣？

也許兇手等累了會先行離去，打消殺人的念頭，John Lennon 就此與死神擦肩。這些假設再也沒有機會被證實，我們僅知道當時的他只是一個迫切想跟兒子道晚安的父親。

對的時間遇見對的人，多難，多難得。

一個人的地獄卻會是另一個人的天堂，一個兒子的噩夢卻是另一個兒子的慈父。

這個故事也印證了這段話：

「有些人用童年療癒一生，有些人卻用一生療癒童年。」

在第一段婚姻裡的 John Lennon 那時還沒有心思定下來嗎？是當時的他還不想扛起當父親的責任嗎？更大的可能是人生的驟變讓他根本沒有多餘的心力把家庭列入考慮，光是要抓住功成名就的機會就已經耗盡全力了。

只是隨著歲月流轉他改變了，如果這時候 Cynthia 才遇見他，他們之間的結局會不會不一樣呢？

這兩個男孩子長大之後回想起同一個父親，卻是多不一樣的感受。

當他們再次聽見跟自己相關的歌曲時，又會有怎樣的感慨呢？

〈Hey Jude〉記錄了苦澀的童年、心痛的曾經，但在其中還有著另一位大人細心體貼的溫暖，而〈Beautiful boy〉卻寫下了滿滿的父愛。

John Lennon 做錯了什麼嗎？他只是做出了選擇，當時的他選擇了事業，而不是家庭與婚姻。

後來歲月帶著他一路繼續往下走，是歲月讓他還看不清楚，更是歲月讓他看懂了該珍惜些什麼。

● ● ●

能在對的時間相遇才能造就對的人，不要再苦苦追問一段愛情的結束自己到底做錯了些什麼？

● ● ●

是歲月還在流動著，是人心還沒有看懂。

年少時那些短暫的相遇是歲月的考卷，那時候的我們那些該懂得的道理還不曾悟透，還得要經歷一次次的挫敗去學到如何給出溫柔。

沒有人有錯，是那場相遇來得過早，是當時的你我還不足以成為誰的依靠，面對一顆真心還無以為報。

一次次從愛情裡逃跑，卻又一次次掩飾不了自己的心跳。

所幸世界沒有虧待你的良善

你就這樣勇敢愛過一回又一回，慢慢覺得自己好像有點老，更要命的是，想要被愛的渴望卻又始終戒不掉。

這些年的錯愛不會單單只是徒勞，你會在終於對的時候再愛上一場，然後狠狠炫耀。

兩顆心再也不動搖，就此棲息在彼此的懷抱。

謝謝你守護了善良的自己

那總是輕易開口要求你的長輩，正是因為自己辦不到
才來為難你。回望他的人生正是因為對自己太過失望，
才強加不應該有的期望在你身上。

特意在上班前兩小時來到醫院做例行性的檢查，抓緊時
間填好資料在報到處等待叫號的我，沒有分神注意身旁
的人，直到一位母親尖銳並且帶著惡意的聲音鑽進我的
耳朵。

「要是我也要選手腳俐落、動作快的人來公司上班啊，
誰要選像妳這樣慢吞吞的啊～」

她操著一口道地的台語，不留情面數落著身邊另一個女
子。

這樣不堪入耳的言語，看起來應該是女兒的人像是已經

所幸世界沒有虧待你的良善

聽多，只是一臉麻木遞給櫃臺自己的資料。

我這才意識到，原來雖然比我還早抵達卻因為不熟悉醫院作業流程耽擱了一下，所以女兒的檢查順序排到了我之後。

在等待進檢查室那漫長五分鐘的時間裡，責備嫌棄的字眼不曾停止，不忍心看著這樣的精神虐待在面前上演，我差點要開口讓出自己的檢查順位。

我看著隱忍的女孩也像是看見了在她成長過程中，惡毒的言語攻擊應該從來沒有少過，已經長大成人的她是已經麻痺了，還是早就放棄了反抗呢？

你可能以為這樣的行為跟那些暴力相向的家長相比根本不算嚴重，但這樣的「毒親」就算不是最惡毒的那一類，對孩子的影響卻也會是一輩子的傷痛。

在孩子人格養成的時期，不曾得到正面的鼓勵與肯定，取而代之的，只有大人不曾停下的指責與數落，埋下的是將來在人生裡他對自己能力根深蒂固的懷疑與厭惡。

就算做得再好也會被嫌棄，即使沒有錯也會被責罵，長大後的他不只會缺乏自信更可能根本會棄守自尊，厭倦為自己爭取任何機會。

他放棄了努力，不認為自己有機會成功，退讓成了他唯一的人生準則。

從小接收不到讚美與肯定的孩子，會連帶不相信自己的人生有改變的可能。

他不曾說出口自己的傷，卻痛得比任何人還深。

面對這樣的狀況，我們很常聽見這樣的辯解：

「我是為了他好才這樣鞭策他，外面的世界競爭有多強，我只是提早讓他明白這一點。」

上一代的錯誤已經無法阻止，好不容易靠著自己堅強長大了，我們至少可以決定不再讓悲劇重演，不再複製錯誤對待孩子的方式。

所幸即使在這樣困頓的環境下長大的你，並沒有因此每天怨天尤人。

正因為被錯誤對待過，更明白了不該用這樣的心態去要求他人。

你很清楚不能輕易把自己的期望強加在別人身上，那是他的人生，他有權利決定怎樣去過。

沒有成為失控的大人、沒有帶著憤怒長大，沒有把自己不順遂的人生推卸給敗壞的現實，沒有成為別人的噩夢。

這樣拚盡全力好好長大的你，很值得所有的稱讚與疼惜，謝謝你守護了善良的自己。

我們長期在「這是為了你好」的壓力下被霸凌而不自覺，被要求著必須完美才稱得上是個完整的人，他口中的完美就是他眼中唯一的標準，如果無法做到對他來說你根本一無是處。

那總是輕易開口要求你的長輩，正是因為自己辦不到才來為難你。

回望他的人生正是因為對自己太過失望，才強加不應該有的期望在你身上。

他對你的不滿正反映了對自身的埋怨，他期待你來洗刷他挫敗的印記，好像你的成功可以掩蓋他的失敗，你的優秀能夠滿足他的虛榮、讓他僥倖以為自己也可以同樣風光。

這樣的索討是永遠不會停止的，除非你明白劃清彼此之間的界線，不讓自己一再被情感綁架，除非你肯狠下心來拒絕情感勒索。

面對無理的謾罵、不明所以的挑釁，你都該為自己挺身反駁，根本不必因為讓他們失望了而感到罪孽深重。

他的情緒當然應該自己承受與吸收，以任何形式遷怒旁人都不是一個像樣的大人該有的模樣。

你的存在只需要朝向自己最想要的方向前進，為了自己展翅高飛，不必總是承受他們苛刻眼光的批判、承擔他們無理要求的重量。

更不要因為他們的苛求就跟著指責自己，跟著一起認定自己不夠好。

人生在世不可能滿足他人隨意開口的所有需求，我們都只是平凡人自然能力有限。與其花時間去討好每個對你開口的人，還不如好好花時間讓自己開心。

更多的時候你會發現，當你什麼都做對了反而更容易招來厭惡。

　　　　　　所幸世界沒有虧待你的良善

他無從挑剔因為你做的都對，你表現太好顯得他無能，什麼都沒做錯的你對照出他錯得離譜。

他人的惡意難以預料更無從預防，與其事事在意累壞自己，還不如讓自己想開不要跟著他的情緒飛舞，不要幫助他人一起為難自己。

當你可以做到不以旁人的評論來決定自己的價值，才是你真正擺脫了情緒勒索，自由決定自己去向的時候。

願世間的好都能與你相關

一段夠好的愛情是該要壯大彼此的人生，不光是來耗盡對方的情感。只懂得單方面貪婪的索討，總在計較自己接收到多少，這是虛耗對方的心意，愛過一回只成一場徒勞。

$\bullet$　　　$\bullet\bullet$　　$\bullet\bullet$　　　$\bullet$

「到底要跌跌撞撞多少次才能夠要到一份穩穩的愛情？」她一雙淚眼汪汪望向我提出這樣的疑問。

這位稱得上是我朋友中最勇敢的一位奇女子了，說不上是最漂亮卻有她獨特的人格特質，在情場上殺進殺出這麼多年也許遲疑過卻不曾退卻過。

最近又主動結束了一段關係，詳情也了無新意，不就是對方破壞了信任這樣傷心的故事。

「我只是個簡單的人，想要一份簡簡單單的愛情。」

所幸世界沒有虧待你的良善

對於自己的想要她倒是梳理得很清楚，說來簡單的一句話卻是花上了大半輩子才處理掉的人生課題。

以前的她有莫名的救世主情結，總是想著要修好別人，在這樣的心態下總會吸引到壞掉的人。

當然每個人都不是完美的，我們或多或少都帶著某部分壞掉的性格，在人世間遮遮掩掩地活著，問題是這些原本可以好好生活著的人，只有在她面前會放心地完全壞掉。

面對別人的難題，她總是不忍心視若無睹。

連自己都照顧不好的狀態下，還要分神去擔心別人過得不好，我根本看不懂她的人設操作。

這一次的愛情依舊毫無意外開始於放心不下一個頹廢的男人。

一開始挺好的，雙方各取所需，生活在一起還能相互關照，察覺到不對勁已經是幾年後，發現男人根本無心要振作起來。

總是擔著一顆心一起過了這麼多年，直到前兩年她終於狠下了心不管對方的死活，收回了關心。

發現到苗頭不對，男人居然也能痛改前非馬上積極進取，活得挺好的，她這才弄懂了自己的操心如此多餘。

「是你的放手，才讓他有長大的可能。」

我毫不留情給出了殘酷的一句話點評。

她回想起這麼多年來自己的忍讓，如今看來根本不值得一提，百般委屈只成了狠狠刺進在心頭的傷。

● ● ●

當你不夠善待自己時，最親近的人
也會順勢來虧待你。

● ● ●

年少時的她也曾是小王子那朵傲嬌的玫瑰，有過虛張聲勢的逞兇鬥狠，用難搞的張狂隔絕任何探詢的手勢，經歷過一次次的愛情，她轉換了各種不同的面貌，如今的她累壞了。

她明白等待百分百完美的愛情很難，但至少可以期待一份簡簡單單的對待吧？

這人世間的為難見多了她也能自己搞定，那些讓小女孩們傾心的不簡單她不指望你，她要的只是一場真心的相遇，一段簡單的愛情。

對你來說，愛情中最美的樣貌是什麼？

是誠心對待？是真心無猜？還是華麗的告白收下眾人的稱羨？

她不想要再趕赴誰的救贖，更無餘力再去療癒別人的人

生傷口，什麼愛戀心機手段都懶得再理會，可不可以就只是好好的相遇，好好的相愛呢？

為什麼一定要夠淒美或夠慘烈，才稱得上是愛情呢？

每一次的相遇用上全部的真心對待，對她來說那就是真愛了。

有一部篇幅不長卻相當療癒的日劇《我的姐姐》，主角是兩位共同生活在一起的姐弟。三十歲的姐姐在職場生存了幾年，講話毒舌精準有一套自己的人生哲學。剛出社會工作的弟弟就是個人生小白老實率直。

這兩個人因為父母出國旅遊短暫同居，每天下班後對坐在85公分矮桌的兩側，邊吃著零食喝著罐裝啤酒或熱茶漫天瞎聊，弟弟總是拋出一些天真的疑問被姐姐短短幾個字的金句K.O.。

有一天，弟弟又突然沒頭沒腦地發問：

「姐，妳是個不會為男友犧牲奉獻的人吧？」

姐姐聽到這樣突兀的問題，臉上沒有太多的表情變化，弟弟又立刻補上一句。

「妳感覺就不會。」

「嗯」姐姐沒有任何情緒波動，從鼻子發出了贊同的反應。

「直接一口咬定了呢～」弟弟帶著戲謔的口吻，緊追不放。

姐姐一雙黑白分明的眼睛骨溜溜地轉了轉，一本正經的看著弟弟說：

「在我出生的那天早上，年輕的爸媽難道會想著，希望這個孩子長成為男友犧牲奉獻的女人嗎？」

弟弟聽到姐姐的回答突然呆住了。

「順平啊～我跟你都一樣，我們不需要為誰犧牲奉獻，我們本身都是懷著世界對我們的期許出生的～」

姐姐很平靜地說完這段話，捧起熱茶淺淺地喝上了一口，畫面上只留下弟弟一臉呆滯的表情。

來到這個世界上的每個我們都是被祝福著的，這個世界期許著好事會發生在我們身上，成長的一路上苦難可能避免不了，但願你總能找到化解的辦法。

願世間的為難都難不倒你，願世間的好都能與你相關。

願你的付出都能被珍惜，願你的傷口都能被好好疼惜。

我們已經被茶毒了太久，說是懂得犧牲奉獻的愛情比較偉大，如果有人評價你總是付出太少不夠犧牲奉獻，那是他的想法太過扭曲。

也許他要的是一盞不求回報的阿拉丁神燈，只要開口許願就能被實現，而非可以相互扶持的伴侶。

只是神燈的願望也總有三個額度，能彼此陪伴走上未來漫漫長路的人能夠帶來的心滿意足當然遠遠不只。

所幸世界沒有虧待你的良善

一段夠好的愛情是該要壯大彼此的人生，不光是來耗盡對方的情感。

只懂得單方面貪婪的索討，總在計較自己接收到多少，這是虛耗對方的心意，愛過一回只成一場徒勞。

我遇過錙銖必較的愛情，他心中有個愛情帳本，總是一一記錄你的付出是不是比得過他，這樣的人習慣用量化的方式評比愛情，這樣的計算方式給他安全感。

● ● ●

> 人跟人之間的相處最該在意的不是價格而是價值。習慣出手大方闊綽，因為對你來說用錢解決一切最省事，但他用的是心，他給出的是時間。
>
> 不一樣的表達方式、不一樣的價格高低，心意卻是同等珍貴的。

● ● ●

就算只想單純過好自己的人生，沒有動念加害任何人，總是好好對待每回相遇。

遇見了好不容易來到的愛情也都好好真心對待，不玩手

段不耍心機，最後要找到一個可以攜手一生的人，依然是件困難的事。

回想過往的戀愛有多少次為了迎合而改變了自己，委屈到連你都不認得改變後的那個模樣。

你為他改變以為他會更愛你，你為他改變以為這樣愛情會永遠，卻換來一個連自己都不喜歡的樣子。

關於對的人也許很難用簡單的幾句話斷定，但可以確定的是，如果一段愛情總是讓你感到委屈，那他就是不對的人，沒有什麼了不起的對象需要讓你愛到賠上自尊。

一段能夠長久的關係是相處起來不費力，是不需要賣力展現自己有多出色，是在他面前可以放心做最真實的自己。

你對自己的喜歡與不喜歡，他都看在眼裡，你以為的不可愛，他自然能找到可以愛、讓他心動的優點。

你偶爾小心眼也有執拗的壞脾氣，實在過分懂事習慣了看人臉色，在他面前你難免傲嬌卻也獨立自主，更可能會突然脆弱極度黏人，大部分的日子裡卻已經習慣了一個人生活。

你不需要在他面前拼命表現最好的模樣，你會妥善修復自己的人生傷口，踩穩兩人相處的底線，他最好也要一樣做到。

所幸世界沒有虧待你的良善

在相遇之前你們各是一道獨立的風景，遇見了對方把彼此看進了眼裡。原來沿途遇見的那些好好壞壞都有它的意義，一路修修改改造就成現在的你與這樣的他，在這個時候才要相見就此專心無猜。

從今以後，此生還要去到無數不悔的絕景，所幸都能有他一起並肩凝望，回想這一路上的珊珊來遲，雖然辛苦卻終究沒有辜負。

所幸世界沒有虧待你的良善

作　　者 ｜ 艾莉

責任編輯 ｜ 鄭世佳 Josephine Cheng
責任行銷 ｜ 朱韻淑 Vina Ju
封面裝幀 ｜ 之一工作室／鄭婷之
繪　　者 ｜ 之一工作室／鄭婷之
版面構成 ｜ 黃靖芳 Jing Huang
校　　對 ｜ 葉怡慧 Carol Yeh

發 行 人 ｜ 林隆奮 Frank Lin
社　　長 ｜ 蘇國林 Green Su

總 編 輯 ｜ 葉怡慧 Carol Yeh
主　　編 ｜ 鄭世佳 Josephine Cheng
行銷主任 ｜ 朱韻淑 Vina Ju
業務處長 ｜ 吳宗庭 Tim Wu
業務主任 ｜ 蘇倍生 Benson Su
業務專員 ｜ 鍾依娟 Irina Chung
業務秘書 ｜ 陳曉琪 Angel Chen
　　　　　莊皓雯 Gia Chuang

發行公司 ｜ 悅知文化　精誠資訊股份有限公司
地　　址 ｜ 105台北市松山區復興北路99號12樓
專　　線 ｜ (02) 2719-8811
傳　　真 ｜ (02) 2719-7980
網　　址 ｜ http://www.delightpress.com.tw
客服信箱 ｜ cs@delightpress.com.tw
ISBN：978-626-7288-51-1
初版一刷 ｜ 2023年09月
建議售價 ｜ 新台幣380元

國家圖書館出版品預行編目資料

所幸世界沒有虧待你的良善 / 艾莉著. -- 首版.
-- 臺北市：悅知文化精誠資訊股份有限公司,
2023.09
296面；14.8×21公分
ISBN 978-626-7288-51-1 (平裝)
1.CST: 自我實現 2.CST: 生活指導

177.2　　　　　　　　　　　112009311

建議分類 ｜ 心理勵志

著作權聲明

本書之封面、內文、編排等著作權或其他智慧財產權
均歸精誠資訊股份有限公司所有或授權精誠資訊股份
有限公司為合法之權利使用人，未經書面授權同意，
不得以任何形式轉載、複製、引用於任何平面或電子
網路。

商標聲明

書中所引用之商標及產品名稱分屬於其原合法註冊公
司所有，使用者未取得書面許可，不得以任何形式予
以變更、重製、出版、轉載、散佈或傳播，違者依法
追究責任。

版權所有　翻印必究

本書若有缺頁、破損或裝訂錯誤，請寄回更換
Printed in Taiwan

你的人生要把
成就自己的快樂
擺到第一順位，
愛人的能力來自於
你多愛自己。

——————《所幸世界沒有虧待你的良善》

請拿出手機掃描以下QRcode或輸入
以下網址，即可連結讀者問卷。
關於這本書的任何閱讀心得或建議，
歡迎與我們分享 ☺

https://bit.ly/3ioQ55B